# モデル就業規則

## 作成・変更ガイドブック

条文対応根拠と解説　用字用語の使い方例

株式会社スタッフコンサルティング

# 森紀男

マスター・マネジメント・コンサルタント（公益社団法人 全日本能率連盟認定）
特定社会保険労務士

労働新聞社

# はじめに

## 「就業規則」とは

　歴史的には、就業に関する規則としては当初、服務規律と制裁に関する規定を内容とするものとして生まれたといわれている。その後、昭和22年に労働基準法が制定されるにあたり、初めて「就業規則」が法律で作成・届出が義務化された。

　現在の「就業規則」の考察にあたり、次の3つのアプローチから、その内容をみてみたい。

### 【1】行政的アプローチ

1．労働契約法第7条で「**就業規則**」とは、労働者が就業上遵守すべき規律及び労働条件に関する具体的細目について定めた<u>規則類</u>の総称をいう、とされている。

　　　　　　　　　　　・順守すべき規律（⇒服務規律）
　　　　　　　　　　　・労働条件

○ **就業規則**は、労働条件を統一的に設定するものであり、労働契約法第7条本文（労働契約の締結）、第10条本文（就業規則の変更）及び第12条（就業規則違反の労働契約）においては、一定の場合に、<u>労働契約の内容は、**就業規則**で定めるところとなること</u>を規定している。

2．労働基準法では、**就業規則**に関しては「就業規則及び届出義務」を第89条で定め、「作成の手続」を第90条で定めている。

　また、

　① 「法令及び労働協約との関係」法第92条

　② 「（行政官庁の）就業規則の変更命令」則第50条

　③ 「労働契約との関係」法第93条

　④ 「就業規則の届出」則第49条

　⑤ 「罰則」法第120条

　⑥ 「過半数代表者」則第6条の2

　を定めている。

## 【2】司法的アプローチ

　個別の労使紛争（特に労働審判）を解決するにあたり、裁判所は「**就業規則**」を非常に重要視していると思われる。

### 1．裁判所が考える就業規則とは

　「労働事件を担当した場合に、労働契約の内容を考える際に、最も重要なものは、就業規則である。多数の労働者が雇用されている事業所においては、労働者ごとに労働契約の内容、労働条件が異なるようでは、職場に混乱が生じる。そこで事業所ごとに労働者に対して統一的な労働条件による公平、一律的な取扱いが必要となるのである。」

　「労働基準法には、その制定当時から就業規則に関する規定があった。ところが、同法には、規定された就業規則と個々の労働者との間の労働契約との関係に関しては、同法93条により、就業規則に定める基準に達しない労働条件を定める労働契約をその限度で無効にする規定があるだけであった。そのため、就業規則と労働契約の関係について、様々な意見の対立があった。」

　その後、最高裁の判例法理の形成「秋北バス事件」により、次の点が明確になった。

＜ポイント＞

① 就業規則の内容が労働契約の内容になり、就業規則に定める義務については、労働者に対してその内容の義務を課するものであるという点である。

② 就業規則が法的拘束力を有するには、どれだけの手続きが必要かという点である。

③ 使用者が就業規則の規定を変更することによって、労働者に不利に労働条件を変更した場合に、労働者による個別の同意なくして不利に拘束することができるのかという点である。

--------------------------------------------------------------

・労働契約の内容のほとんどは、**就業規則**に定められていることになる。

・労働契約に関する事件に接する場合、最も重要な資料は**就業規則**になる。

・代理人となった弁護士にとっては、当該事業所での**就業規則**の内容がどのようなものであるかを正確に把握するのが第一歩であるということである。

・現在の理論状況においては、**就業規則**は、まさに争点となっている労働契約の内容そのものである。

出典「労働関係訴訟9」渡辺弘著／青林書院

## 【3】国際基準的アプローチ

　　企業の活動がグローバル化するに伴い、生産活動において国際的基準（ルール）が必要となり、我が国でも従来から存在していた JIS 規格を国際基準に合わせる活動が行われてきた。

　　そこで、今回は様々な企業でおなじみの「品質及び環境」基準の中で、特に「**就業規則**」が取り上げられていることから、その必要な項目に着目してみた。

１．「品質マニュアル（JISQ9001）、（IATF16949）」の記載例

(1) <u>企業責任</u>

　　「当社は、贈賄防止方針、従業員行動規範及び倫理的上申方針（内部告発方針）に関する規定事項を定めた「**就業規則**」に基づき、企業責任を果たすため行動する。」

　　・従業員行動規範 ⇒「服務規律」（⇒本書第 64 条〜第 71 条）

　　・内部告発方針　⇒「内部通報制度」（⇒本書第 106 条〜第 107 条）

(2)「当社は、適切な製品及びサービスを提供するために必要な環境を決定し、提供し、維持する。必要な環境には、次のような人的及び物理的要因の組合せがある。

　　① 社会的要因（例えば、非差別的、平穏、非対立的）

　　② 心理的要因（例えば、ストレス軽減、燃え尽き症候群防止、心のケア）

　　③ 物理的要因（例えば、気温、熱、温度、光、気流、衛生状態、騒音）

　　　①及び②について、必要なものは「**就業規則**」及びストレスチェックに関する取り組みによる。③については、照度管理及び作業環境測定を実施する。

　　⇒（労働安全衛生法及び施行規則により細目が決められている）」

２．「環境マニュアル（JISQ14001）」の記載例

　　環境マニュアルの附属規程に「行動規範」として従業員など一人ひとりの心掛けるべき行動あるいは、心構えを明確にし、会社に関わる全ての人々から信頼される企業の実現を図ることを目的として定める。

(1) 会社情報の管理

　　① 情報の取り扱い　　② 社外情報　　③ 退職後の守秘義務　　④ 外部対応

(2) 会社財産・資産の取り扱い

　　① 情報機器等の適切な使用　　② 会社資産の管理の徹底

　　③ 退職時には、会社が保管・管理する全ての資産の返却

(3) 知的財産の取り扱い

(4) 公的な企業活動

① 外部との取引にあたり、独占禁止法、不正競争防止法、下請代金支払遅延防止法などの法令を順守　　② 取引先の選定と取引の際の注意事項

(5) 贈答・接待の取り扱い

① 贈答・接待などの授受については、一般的な商慣習（常識の範疇）の範囲とする

(6) 利益相反の回避

(7) 競業禁止義務

(8) 職場の安全衛生

(9) 人権の尊重（＊内容を別掲）

(10) 金銭貸借

(11) 法令・社内諸規程（規定）の順守

① 関係法令（社内諸規程等を含む）の順守　　② 環境保全・保護

(12) 不正請求の禁止

(13) 反社会的な個人・団体への対応

(14) コンプライアンス

① 相談窓口　　② コンプライアンス委員会　　③ 内部通報窓口の設置

(15) 違反行為と罰則規定

---

＊＜人権の尊重＞

(1) 従業員などは、社会的地位・身分、雇用形態、性別、年齢、国籍、容姿、身体的障害、思想信条などを理由とした差別、不利益な扱い及びセクシュアルハラスメント (本書第66条) を含む嫌がらせをしてはならない。

(2) 会社による妊娠・出産・育児休業・介護休業等を理由とする不利益な取り扱いは行わない。また、上司・同僚からの妊娠・出産・育児休業・介護休業等を理由とする嫌がらせなどを防止する措置を講じる。不利益行為、嫌がらせ等が発生した場合は総務部責任者への相談、内部通報窓口 (本書第107条) より通報を行う。

(3) 従業員等のプライバシーを尊重し、個人の情報 (本書第72条) を取り扱うにあたっては、最新の注意を払い、厳重に管理しなければならない。また、お互いに誹謗・中傷にあたる行為をしてはならない。

# 目　次

# 序　章

## ～ 就業規則作成にあたっての留意事項 ～

「常時十人以上の労働者を使用する使用者は、次に掲げる事項について就業規則を作成し、行政官庁に届け出なければならない。次に掲げる事項を変更した場合においても、同様とする。」（労基法第 89 条）

## ① 絶対的必要記載事項

いかなる場合でも記載しなければならない絶対的必要記載事項（労基法第 89 条第 1 号から第 3 号まで）

> (1) 始業及び終業の時刻、休憩時間、休日、休暇並びに労働者を二組以上に分けて交替に就業させる場合においては就業時転換に関する事項
> (2) 賃金（臨時の賃金等を除く。以下この号において同じ。）の決定、計算及び支払の方法、賃金の締切り及び支払の時期並びに昇給に関する事項
> (3) 退職に関する事項（解雇の事由を含む。）

## ② 相対的必要記載事項

その定めがある場合には、就業規則の中に記載しなければならない相対的必要記載事項（労基法第 89 条第 3 号の 2 から第 10 号までの事項について）

> (3) の 2
> 　退職手当の定めをする場合においては、適用される労働者の範囲、退職手当の決定、計算及び支払の方法並びに退職手当の支払の時期に関する事項
> (4) 臨時の賃金等（退職手当を除く。）及び最低賃金額の定めをする場合においては、これに関する事項
> (5) 労働者に食費、作業用品その他の負担をさせる定めをする場合においては、これに関する事項
> (6) 安全及び衛生に関する定めをする場合においては、これに関する事項
> (7) 職業訓練に関する定めをする場合においては、これに関する事項
> (8) 災害補償及び業務外の傷病扶助に関する定めをする場合においては、これに関する事項

(9) 表彰及び制裁の定めをする場合においては、その種類及び程度に関する事項

(10) 前各号に掲げるもののほか、当該事業場の労働者のすべてに適用される定めをする場合においては、これに関する事項

### ③ 使用者が自由に記載することができる任意的記載事項

　任意的記載事項には、総則規定としての制定の主旨、目的、由来、適用の人定・場所的範囲、用語の定義、労使の順守義務等があります。

＜例＞　① 服務規律、職務専念義務、守秘義務等に関する事項

　　　　② 業務命令、人事異動に関する事項

　　　　③ 施設の管理に関する事項

　　　　④ 会社の秩序維持に関する事項

　　　　⑤ 安全配慮に関する事項

### □ 就業規則の本文は「章」立にする

＜目次の章の例＞

① 就業規則全体に係る事項に関する総則（目的及び適用範囲、従業員の定義等）

② 採用・休職・退職の事項

③ 勤務に関する事項（勤務時間・休日・時間外勤務・休暇に関する事項）

④ 賃金に関する事項

⑤ 服務規律に関する事項

⑥ 表彰・懲戒に関する事項

⑦ 安全衛生・災害補償に関する事項

⑧ 上記以外の事項及び就業規則の施行日に関する規定

### □ 別規則の例

① 賃金に関して ・・・ 賃金規程、給与規程

② 退職手当に関して ・・・ 退職金規程

③ 育児休業に関して ・・・ 育児休業規程

④ 介護休業に関して ・・・ 介護休業規程

⑤ 安全及び衛生に関して ・・・ 労働安全衛生管理規程、衛生管理規程、衛生委員会規則

⑥ 災害補償及び業務以外の傷病扶助に関する事項に関して
　　・・・災害補償規程、上積補償規程

　上記に掲げた事項のすべてを、就業規則に詳細に規定すると、就業規則全体が膨大なものとなりかねません。就業規則の内容の把握が困難となることも予想されます。

　そこで、別に規則を設けることが一般的です。また、別に規則を設けることは、その都度、就業規則全体の改正手続が必要となる事態を回避することにもなります。

　別規則に定める事項については、法改正に伴い必要に応じて、その都度改正を行います。

# 第1章　総　則

## 第1条（目　的）

> 　この規則は、○○○○株式会社（以下「会社」という。）の従業員の就業に関する労働条件及び服務規律に関する事項を定めたものである。

### 解　説

□就業規則

・就業規則は、会社が統一的に管理運営するために、従業員が就業上守らなければならない事項と労働条件の具体的な基準及び内容を明示します。また、この規則の基準に達しない労働条件を定めた個別の労働契約は、その部分についての効力はなく、この就業規則によります。

　＜労基法第93条（労働契約との関係）＞

□周知義務と効果

・「就業規則の法的効果発生時期については、届出段階ではなく、従業員に周知された段階となる。また、一般的に周知を行っていると判断される場合（事務所の誰でも見ることができる場所に備え置く等）については、知らなかったということで法的効果を逃れることはできない。」（フジ興産事件＝最二小平15.10.10 参考：NTT西日本事件＝京都地裁平13.3.30）

□就業規則の作成及び届出義務（労基法第89条）

☆絶対的必要記載事項

　(1) 始業及び終業の時刻、休憩時間、休日、休暇並びに労働者を二組以上に分けて交替に就業させる場合においては就業時転換に関する事項

　(2) 賃金（臨時の賃金等を除く。以下この号において同じ。）の決定、計算及び支払の方法、賃金の締切り及び支払の時期並びに昇給に関する事項

　(3) 退職に関する事項（解雇の事由を含む。）

※「解雇をめぐる紛争を未然に防止する観点から就業規則の絶対的必要記載事項である「退職に関する事項」には「解雇の事由」が含まれることを法律上明らかにしたものであること」（平 15.10.22 基発 1022001 号）

☆相対的必要記載事項

(1) 退職手当の定めをする場合においては、適用される労働者の範囲、退職手当の決定、計算及び支払の方法並びに退職手当の支払の時期に関する事項

(2) 臨時の賃金等（退職手当を除く。）及び最低賃金額の定めをする場合においては、これに関する事項

(3) 労働者に食費、作業用品その他の負担をさせる定めをする場合においては、これに関する事項

(4) 安全及び衛生に関する定めをする場合においては、これに関する事項

(5) 職業訓練に関する定めをする場合においては、これに関する事項

(6) 災害補償及び業務外の傷病扶助に関する定めをする場合においては、これに関する事項

(7) 表彰及び制裁の定めをする場合においては、その種類及び程度に関する事項

(8) 前各号に掲げるもののほか、当該事業場の労働者のすべてに適用される定めをする場合においては、これに関する事項

☆任意的記載事項

・任意的記載事項には、総則規定としての制定の主旨、目的、由来、適用の人定・場所的範囲、用語の定義、労使の順守義務等があります。

☆労働契約との関係（労基法第 93 条）

□就業規則の記載内容

・労基法第 89 条第 1 号〜第 10 号以外に育児介護休業法、高年齢者等雇用安定法、労働契約法等の労働条件の内容を就業規則に記載する必要があります。

＜法的根拠等＞

「就業規則は、法令又は当該事業場について適用される労働協約に反してはならない。」

■労働条件の明示（労基法第 15 条）

〔通達〕「必要記載事項の一部を欠く就業規則の効力」

問：労働基準法第 89 条第 1 号から第 3 号までの絶対的必要記載事項の一部又は同上第 3 号の 2 以下の相対的必要記載事項中、当然当該事業場が適用を受けるべき事項を記載しない就業規則の効力如何。

答：設問のような就業規則も、その効力発生についての他の要件を具備する限り有効である。ただし、設問のような就業規則を作成し、届出ても使用者の法第 89 条違反の責任は免れない。（昭 25.2.20 基収 276 号、平 11.3.31 基発 168 号）

〔通達〕「就業規則の記載事項」

趣旨 解雇をめぐる紛争を未然に防止する観点から、就業規則の絶対必要記載事項である「退職に関する事項」には「解雇の事由」が含まれることを法律上に明らかにしたものであること。（平 15.10.22 基発 1022001 号）

〔通達〕「育児休業の就業規則への記載」（平 3.12.20 基発 712 号、平 11.3.31 基発 168 号）

■労働契約との関係（労基法第 93 条）

「労働契約と就業規則との関係については、労働契約法第 12 条の定める

□労働契約の成立と就業規則

・労働者及び使用者が労働契約を締結する場合で、使用者が合理的な労働条件が定められている就業規則を労働者に周知させていたときには、労働契約の内容は、その就業規則で定める労働条件によることとなります。ただし、労働者及び使用者が就業規則の内容と異なる労働条件を合意していた部分については、就業規則違反の労働契約（第12条）に該当する場合を除き、当該契約によることとになります。〈労契法第7条（労働契約の成立）〉

### 注意すべき条文の例示と解説

> この規則に定めのない事項については、労働基準法その他法令に定めるところによる。

・上記の規定により、二つの問題が考えられます。

・一つ目は、就業規則に定めていない法令のすべてを就業規則に定めたのと同じになり、法令内容そのままが就業規則の内容になってしまうと解釈されることがあります（「改訂　変革期の就業規則」(P18)）。

・次に、就業規則に定められている項目と同じ内容が法令にある場合は、法令、通達による解釈等が優先され、これらと異なる解釈・適用が難しくなることが考えられます。

## 第2条（従業員の定義）

> 従業員の定義は、次の区分とする。
> (1) 正社員
>   期間の定めのない労働契約により、正社員として雇用された者をいう。
> (2) 契約社員
>   期間の定めのある労働契約により、契約社員として雇用された者をいう。
> (3) パートタイマー
>   週の所定労働時間が短く、かつ (1)、有期労働契約により雇用された者をいう。ただし、労働契約法に基づく無期転換社員を含む。
> (4) 嘱託社員
>   定年退職後、嘱託社員契約により再雇用された者をいう。

### 解 説

・いわゆる従業員と異なる労働条件の取り扱いを行う「労働者」があるときは、その者の名称と定義を明記するとともに、この規則第3条のように適用範囲を明確に定めておきます。

## 第3条（適用範囲）

> この規則は、前条第1号の正社員に適用し、この規則で従業員とは、前条第1号に定める正社員をいう。
> 2　契約社員及びパートタイマー等の労働条件に関しては、別に定める規則及び個別労働契約書による。ただし (2)、この規則で別段の定めをしたときは、その規定を適用する。

<法的根拠等>

■定義（労基法第9条）
「この法律で「労働者」とは、職業の種類を問わず、事業又は事務所（以下「事業」という。）に使用される者で、賃金を支払われる者をいう。」

■定義（労契法第2条）
「この法律において「労働者」とは、使用者に使用されて労働し、賃金を支払われる者をいう。」
「この法律において「使用者」とは、その使用する労働者に対して賃金を支払う者をいう。」

■無期転換社員（労契法第18条）
この法律で「無期転換社員」とは、有期労働契約が5年を超えて更新され、有期契約労働者（契約社員やアルバイトなどの名称を問わず）の申込みにより、期間の定めのない労働契約（無期労働契約）に転換されたものをいう。
・無期契約社員
・無期パートタイマー等

## 解　説

□就業規則の適用範囲

・勤務時間等の労働条件、雇用期間又は特殊な職務に従事する者等、採用及び雇用契約の内容の違いにより従業員を区別して就業規則を適用する場合は、別に就業規則を作成し周知しておくことが労働契約上必要です。

・適用範囲については、新たな従業員の種類に応じ、適宜変更します。また、契約社員・アルバイトについても、人数が多くなってきた場合は、別個に就業規則を作成することが必要です。

□別個の就業規則

・「同一事業場において、労基法第3条（均等待遇）に反しない限りにおいて、一部の労働者についてのみ適用される別個の就業規則を作成することは差し支えないが、この場合は、就業規則の本則において当該別個の就業規則の適用の対象となる労働者に係る適用除外規定又は委任規定を設けることが望ましい。

なお、別個の就業規則を定めた場合には、当該二以上の就業規則を合したものが法第89条の就業規則となるのであって、それぞれ単独に同条に規定する就業規則となるものではない。」（昭63.3.14基発150号、平11.3.31基発168号）

□準用規定

・例えば、パートタイマーの就業規則の中で、必要に応じて（正社員）就業規則と同様の規定（服務規律など）を設ける場合は、準用する就業規則の条項を明確に規定しておきます。

■労基法第3条（均等待遇）
〔通達〕一部の労働者に適用される別個の就業規則（昭63.3.14基発150号、平11.3.31基発168号）

### 注意すべき条文の例示と解説

> この就業規則はすべての従業員に適用する。

・このような規定では、福利厚生制度、休職制度を適用す

17

る予定のないパートタイマーにも適用されることになります。また、令和2年4月1日以降（中小企業は令和3年4月1日）パートタイマー・有期雇用従業員と正社員の待遇については、均等・均衡待遇が求められることから規定の作成に注意します。

> パートタイマーについては、正社員と同様に、この就業規則を適用するが、アルバイト従業員、嘱託には、この就業規則を適用せず、別に定める。

・このような規定を定める場合は、就業規則で正社員、パート、アルバイト等の定義を明確に区分しておかないと適用の有無などのトラブルの原因になります。

> この規則は、従業員に適用する。ただし、役付者のうち部長以上の職務にある者（以下「管理監督者」という。）は労働基準法第41条第2号の適用を受け第○条から第○条までの規定は適用しない。

・会社で定める役付者が、必ずしも労基法第41条第2号の適用の対象となるとは限りません。
・管理監督者の解釈については行政通達で明らかにしていますが、実際の会社の職制上の管理職と異なっている場合が多くあります。

## 第4条（規則遵守の義務）

> 従業員は、この規則及び (3) その他の規則・規程を遵守し、その義務を履行し、企業秩序の維持に努めなければならない。

### 解 説

・就業規則は本来、契約規範（労働条件）であると同時に法的規範（法律要件）でもあり、会社と従業員の相互に

---

■短時間労働者及び有期雇用労働者の雇用管理の改善等に関する法律「パートタイム・有期雇用労働法」
・令2.4.1施行
・中小企業への適用
令3.4.1

〔通達〕監督又は管理の地位にある者の範囲（昭22.9.13発基17号、昭63.3.14基発150号）

■基本原則（民法第1条第2項）
「権利の行使及び義務の履行は、信義に従い誠実に行わなければならない。」（⇒参考「服務規律」）

■労働条件の決定（労基法第2条第2項）
「労働者及び使用者は、労働協約、就業規則及び労働契約を遵守し、誠実

18

遵守する義務があります。具体的には「服務規律」の項及び「懲戒処分」の項で例示します。

・「権利の行使及び義務の履行は、信義に従い誠実に行わなければならない。」（基本原則　民法第1条第2項）

### 注意すべき条文の例示と解説

> 　　会社及び従業員は、この規則及び附属規程を遵守し、各々その義務を履行し、相互に協力して事業の発展と労働条件の向上に努めなければならない。

・就業規則はあくまで従業員の労働条件と服務規律を定めるものと位置づけ、このような包括的な規定は必要ありません。労基法第2条は訓示規定であり、就業規則中の履行義務として定めるべき性格のものと異なります。

## 第5条（労働条件の変更）

> 　　この規則に定める労働条件及び服務規律等については、経営環境の変化に伴い、業務上必要があると認める場合は、従業員の過半数を代表する者の意見を聴取し、改定することがある。

### 解　説

□就業規則でいう労働条件

・就業規則は、絶対的必要記載事項、相対的必要記載事項、会社が任意で定める任意的記載事項で構成されます。これは、従業員が会社で労働に従事する際の労働条件となります。すなわち、就業規則でいう労働条件とは、就業規則並びにその附則規程をいいます。ただし、就業規則の制定趣旨や根本精神を宣言した規定、労働協議の手続に関する規定等は労働条件とはなりません。

また、合理的ではない内容の労働条件を定めた場合については、法的効果が生じないため、法律の改正後、就業

に各々その義務を履行しなければならない。」

■労働契約の原則（労契法第3条第4項）
「労働者及び使用者は、労働契約を遵守するとともに、信義に従い誠実に、権利を行使し、及び義務を履行しなければならない。」

〔通達〕労働契約法の施行について（平24.8.10基発0810第2号、平30.12.28基発1228第17号）

▷労働条件の変更

原　則

■就業規則による労働契約の内容の変更
「使用者は、労働者と合意することなく、就業規則を変更することにより、労働者の不利益に労働契約の内容である労働条件を変更することはできない。」（労契法第9条）

例　外

■「使用者が就業規則の変更により労働条件を変更する場合において、変更後の就業規則を労働者に周知させ、かつ、就業規則の変更が、労働者の受ける不利益の程度、労働条件の変更の必要性、変更後の就業規則の内容の相当性、労働組合等との交渉の状況その他の就業規則

規則を改定していないときは、就業規則の定めは労働条件とはならず、改正後の法律が適用されることになります。

□就業規則の改定

・労働条件は、法律の改正、社会情勢の変化に合わせて見直す必要があります。就業規則の改定については、あらかじめ記載し周知しておくことが必要です。

□労働者の過半数代表者の要件

・次のいずれの要件も満たすものであること。

(1) 法第41条第2号に規定する監督又は管理の地位にある者でないこと。

(2) 法に基づく労使協定の締結当事者、就業規則の作成・変更の際に使用者から意見を聴取される者等を選出することを明らかにして実施される投票、挙手等の方法による手続により選出された者であり、使用者の意向によって選出された者ではないこと。

～以下省略～ （平11.1.29基発45号、平22.5.18基発0518第1号）

□労働者の過半数代表者の選出手続

・「労働者の話合い、持ち回り決議等労働者の過半数が当該者の選任を支持していることが明確になる民主的な手続が該当する。」（平11.3.31基発169号）

□意見聴取の程度

・「就業規則に添付した意見書の内容が当該規則に全面的に反対するものであると、特定部分に関して反対するものであることを問わず、又その反対事由の如何を問わず、その効力の発生についての他の要件を具備する限り、就業規則の効力には影響がない。」（昭24.3.28基発373号）

□就業規則の変更と労働条件の変更について

（労働契約法第9条、第10条及び「労働契約法の施行について」より）

(1) 労働契約と就業規則との関係について、「秋北バス事

<法的根拠等>

の変更に係る事情に照らして合理的なものであるときは、労働契約の内容である労働条件は、当該変更後の就業規則に定めるところによるものとする。」（労契法第10条）

〔通達〕労働者の過半数代表者の要件（平11.1.29基発45号、平22.5.18基発0518第1号）

〔通達〕労働者の過半数代表者の選出手続（平11.3.31基発169号）

〔通達〕意見聴取の程度（昭24.3.28基発373号）

件」（最高裁大法廷昭 43.12.25）

(2) どのような場合に就業規則の変更が「合理的なものである」と判断されるのかを明らかにしたものとして、「大曲市農業協同組合事件」（最三小昭 63.2.16）

(3) 就業規則の変更が「合理的なものである」か否かを判断するに当たって考慮すべき 7 つの要素を明らかにしたものとして、「第四銀行事件」（最二小平 9.2.28）

(4) 一部の労働者のみに大きな不利益が生じる就業規則の変更による労働条件の変更事案について、就業規則の変更の合理性を否定したものとして、「みちのく銀行事件」（最一小平 12.9.7）

(5) 就業規則が拘束力を生ずるために周知が必要であるとしたものとして、「フジ興産事件」（最二小平 15.10.10）

<法的根拠等>

〔通達〕労働契約法の施行について（平 24.8.10 基発 0810 第 2 号、平 30.12.28 基発 1228 第 17 号、その他）
<裁判例>秋北バス事件（最高裁大法廷昭 43.12.25）〜就業規則不利益変更〜

<判例>第四銀行事件（最二小 平 9.2.28）「就業規則によって、定年を 55 歳から 60 歳に延長する代わりに給与が減額された事件で、秋北バス事件、大曲市農協事件の最高裁判例を踏襲し、更に、合理性の有無の判断に当たっての考慮要素に照らしたうえで、就業規則の変更は、合理的であるとした。」

※労契法第 9 条及び第 10 条は、確立した最高裁判所の判例法理に沿って規定したものであり、判例法理に変更を加えるものではない

# ◆用字用語の使い方◆ ＜第1章　総則＞

## (1) 第2条「かつ」

　「かつ」は、「及び」又は「並びに」のように、厳密な使われ方はされていないものの、一般的には「その上に」「加えて」というような意味で、「かつ」により並列される用語が密接なもので、両方の語を一体として用いることが必要であることを強調する場合に多く使用されます。

　また、「及び」又は「並びに」とは異なり、3つ以上の単語又は文章を「、」と「かつ」を組み合わせて使われることはありません。

## (2) 第3条「ただし」

　「ただし」は、前に述べた事柄に対する条件又は例外などを示します。ただし書が本文の適用を除外する形で規定されている場合には、本文に掲げられた事実の効果を否定する側に、ただし書に掲げられた事実の主張・立証責任があるとされています。

## (3) 第4条「及び」

　「及び」は、2つの単語又は文章を並列し、それらを同じカテゴリーとして表現する場合に使用される用語で、日常で使用する場合と同じ意味と考えてよいでしょう。

　なお、並列したい単語又は文章が3つ以上になるときは、「A、B 及び C」のように、最後の部分に「及び」を使用します。

# 第2章 人　事

## 第1節 採　用

### 第6条（採　用）

> 　　会社は、入社を希望する者の中から選考試験に合格した者を採用する。

▷採用に関する内容
(1)採用の要件
(2)募集、選考の方法と手続
(3)応募時及び採用時に提出すべき書類等と手続
(4)試用期間の定め
　　等が挙げられる。

**解　説**

□採用選考の基本

・採用選考の基本的な考え方は、応募者の基本的人権を尊重し、適正能力に基づいた基準により実施することです。そのため公正な採用選考を行うためには、次のことに留意します。

(1) 応募者に広く門戸を開くこと

　　求人条件に合致するすべての人が応募できる

(2) 本人の持つ適性・能力以外のことを採用基準にしないこと

　　応募者が求人職種の業務遂行上必要な適性・能力を持っているかどうかだけを基準にする

□就職差別につながるおそれのある事項

・応募用紙（エントリーシート）への記載、面接時の質問などにより次の項目を把握することは就職差別につながるおそれがあることから注意します。

(1) 本人に責任のない事項の把握

　　「本籍・住宅」などに関わること、「家族状況・職業」などに関わること、「資産・家庭・環境」などに関わること、など

(2) 本来自由であるべき事項

　　「宗教」に関すること、「支持政党」に関すること、「人生観・生活信条」「尊敬する人物像」「思想」「労働組合・

■均等法第5条
性別を理由とする差別の禁止
「事業主は、労働者の募集及び採用について、その性別にかかわりなく均等な機会を与えなければならない。」

■職業安定法第5条の5
「指針（平成11年労働省告示第141号）求職者等の個人情報の取扱い等」

＜参考＞「公正な採用選考をめざして」厚生労働省リーフレット（令和4年版）

23

学生運動など社会運動」「購読新聞・雑誌・愛読書」など

(3) 採用選考の方法

「身元調査など」の実施、「本人の適性・能力に関係のない事項を含んだ応募書類」の使用

## 第7条（採用選考）

　　会社は、入社希望者に対し、次の書類の提出を求めたうえで、書類選考、面接、試験を行い、合格者を決定する。ただし、会社が認めた場合は、書類の一部を省略することができる。

(1) 履歴書（提出日前3か月以内に撮影した写真を貼付すること）

(2) 職務経歴書（中途採用者）

(3) 卒業（見込）証明書及び学業成績証明書

(4) 各種資格証明書その他 (1) 会社が必要とするもの

(5) 健康診断書（提出日前3か月以内に受診したものに限る）※

▷個人情報
■個人情報保護法第2条
第1項
「この法律において「個人情報」とは生存する個人に関する情報であって、次の各号のいずれかに該当するものをいう。」
「当該情報に含まれる氏名、生年月日その他の記述等で作られる記録をいう。」

※健康診断書

### 解　説

□利用目的の特定

・採用選考の際に、収集される求職者の個人情報は、その利用目的を特定し行うことになります。また、すでに収集した個人情報について利用目的を変更することは、基本的にはできないことに留意します。

□履歴書

・厚生労働省は、公正な採用選考を確保する観点から一般財団法人日本規格協会が示していた JIS 規格の履歴書の様式例の使用を推奨していましたが、令和2年7月に同協会が履歴書の様式例を削除したため、厚生労働省が新たな履歴書様式例の検討を行い、厚生労働省履歴書様式

を作成しました。

□履歴書様式例の変更点

・履歴書様式例の変更された点は「性別」が選択式から任意記載へ、扶養家族数・配偶者・配偶者の扶養義務、通勤時間等の項目が削除されました。

性別は、LGBTQ等多様性への配慮から、また家族構成、通勤時間は、本人の職業能力とは直接関係のない事項であることから削除されました。

□健康診断書

・「健康診断書の提出は、応募者の適性と職務遂行能力を判断するためのものであり、雇入時の健康診断とは別のものと考えられる。」(安衛則第43条(雇入時の健康診断))

・採用時の健康診断書の提出は、その診断が選考基準にかかわらざるを得ない限定される職種に限られます。それ以外の職種で求めることは、就職差別になりかねず、利用目的を特定しない場合には、提出を求めることはできないでしょう。

<法的根拠等>

▷厚生労働省履歴書様式例

▷採用選考の方法における注意
「合理的・客観的に必要性が認められない採用選考時の健康診断」の実施が就職差別につながるおそれのある項目に含まれている。

## 第8条（採用決定者の提出書類）

新たに採用された従業員は、会社が指定する日までに、次の書類を提出しなければならない。ただし、会社が認めた場合は、提出書類の一部を省略することがある。

(1) 労働契約書
(2) 誓約書
(3) 身元保証書（身元引受書）※
(4) 住民票記載事項証明書（個人番号の記載がないもの。ただし、第3項(1)②を提出する場合は省略できる）
(5) 健康診断書※
(6) 源泉徴収票（入社の年に給与所得のあった場合）
(7) 基礎年金番号通知書
(8) 雇用保険被保険者証（前職のある場合）
(9) その他会社が必要な書類

2　前項の提出書類のほかに会社は、個人番号（マイナンバー）に関する書類として次の書類の提出を求める。

(1) 給与所得者の扶養等異動申告書

3　前項のほか (2)、個人番号（マイナンバー）の確認書類として、次の各号の書類の提出を求める。

(1) マイナンバーカードの写し又は個人番号が記載された次の各項目のいずれか及び写真付き身分証明書の写し
　　①個人番号通知カード
　　②住民票記載事項証明書（個人番号の記載があるもの）
(2) 個人番号利用に関する承諾書

■身元保証に関する法律
雇用関係等において被用者の行為によって使用者が被った損害を保証する身元保証契約について、保証人の責任を限定することを目的として制定された法律である。

※身元保証書（参考）改正民法第465条の2
「保証人は、主たる債務の元本、主たる債務に関する利息、違約金、損害賠償その他その債務に従たるすべてのもの及びその保証債務について約定された違約金又は損害賠償の額について、その全部に係る極度額を限度として、その履行をする責任を負う。
2　個人根保証契約は、前項に規定する極度額を定めなければ、その効力を生じない。」
〔通達〕年齢証明書の取扱い及び労働者名簿の記載等【ハ　住民票記載事項の証明書】
（昭50.2.17基発83号、婦発40号、昭63.3.14基発150号、平11.3.31基発168号）

▷マイナンバーの提出

## 解 説

□提出書類の期間

・提出書類は、従業員の身分を正確に把握できるものも含まれているため重要です。

　労基法第21条では、試用期間中の者であって採用の日から14日以内の者は予告なしに解雇できるとされています。したがって、解雇予告が不要な14日以内に「採用の可否の判断」ができるように、各書類の提出は、できるだけ早い時期を指定して徴収します。

⇒参照：労基法第20条（解雇予告）

□誓約書

▷誓約書

・就業規則を遵守するとの誓約書をとることは重要な意味を持っています。例えば、労働契約を締結しても出向又は懲戒等については従業員の同意が必要とされ、会社は当然に従業員に命令することができるわけではありません。ただし、その同意は労働契約締結時の包括的同意でもよいというのが一般的な考え方です。

　入社の際、従業員は個別には会社の申し入れを事実上拒否できないため、この時点で就業規則の記載内容について誓約書で包括的同意を得ておきます。さらに個人情報、企業秘密等の漏えいを防止する必要性からも、この誓約書が重要です。

・誓約書については、下記の内容の誓約を求めます。

　(1) 就業規則を遵守するとの誓約

　　就業規則について遵守を求める効果のほか、「出向取扱規程」等がある場合の包括同意について確認するもの

　(2) 情報管理（個人情報・営業秘密）についての誓約

　　個人情報保護法の遵守のほか、不正競争防止法における営業秘密について漏えい等をしないよう遵守を求めるもの

・採用時には、自社の営業秘密を守るための誓約書の提出を求めるほか、他社からの重要な営業秘密を従業員が流

▷営業秘密
■定義（不正競争防止法第2条第6項）
「「営業秘密」とは、秘密として管理されている生産方法、販売方法その他の事業活動に有用な技術上又は営業上の情報であって、公然と知られていないものをいう。」

27

用しないよう確認します。

　①前の会社で営業秘密などに関する誓約書を提出したか

　②誓約内容が業務に支障がない内容か

□身元保証書（身元引受書）

・会社は、慣習的に身元保証書の提出を受けていましたが、民法第465条の2（個人根保証契約の保証人の責任等）の定めにより損害賠償を求めるようなケースでは、一般的に支払い可能と判断される範囲の金額内で損害賠償金額の限度額を定めることが必要となりました。⇒第10条（身元保証）参照

□健康診断書

・「応募者の採用が決定した場合、当該健康診断書の提出をもって雇入時の健康診断を実施したとみなすことは差し支えないが、その場合は、法定の検診項目（11項目）を網羅している必要がある。」（安衛則第43条）

・雇入時の健康診断は、会社の義務となっています。また、採用選考時に提出を求める健康診断書とは異なります。

□マイナンバー

・会社は、社会保障及び税分野の届出にあたり、従業員のマイナンバーの記載を求められるため、従業員からマイナンバーの提出を受ける必要があります。

・マイナンバーを記入の上で提出を受ける書類

　①給与所得者の扶養控除等異動申告書

　　扶養控除等異動申告書の提出を受ける際には、マイナンバーに本人のものであるか確認できる書類と合わせて受領する必要があります。

・マイナンバーの提出を受ける際には、原則として次のいずれかと合わせて提出するように求めます。

　①マイナンバーカードの写し

　②住民票記載事項証明書（マイナンバーの記載のあるものに限る）及び写真付き身分証明書の写し

　③通知カード及び写真付き身分証明書の写し

■安衛則第43条（雇入時の健康診断）
■（個人根保証契約の保証人の責任等）民法第465条の2
（令和2年4月1日施行）

■行政手続における特定の個人を識別するための番号の利用等に関する法律（マイナンバー法）

28

・マイナンバーを確認する際の公的書類として、「通知カード」は認められています。なお、「個人番号通知書」は「通知カード」と異なりマイナンバーを確認する際の公的書類として認められていません。
・マイナンバーを記入して届出ることが義務付けられている手続には次のようなものがあります。
　①給与支払報告書
　②厚生年金保険・健康保険・雇用保険の手続
　③税務署への源泉徴収票の提出
□住民票記載事項証明書
・住民票記載事項証明書には、マイナンバーの記載のあるものとないものがあります。マイナンバーの収集には利用目的を特定する必要があるため、住民票記載事項証明書の提出を求めるときは、マイナンバーの付記について明確に指定します。

### 注意すべき条文の例示と解説

> 採用が決定した場合には、戸籍謄本又は住民票の写しを提出すること。

・社会的差別を助長するおそれのある情報が含まれる場合があるため、これらの書類の提出を一律に求めることは好ましくありません。労務管理上、現住所を把握することが目的であれば、住民票記載事項証明書によって必要項目のみ市区町村の証明をもらえばよいでしょう。この場合であっても、目的外利用は、個人情報保護法に抵触することはいうまでもありません。

<法的根拠等>

## 第9条（個人情報の取扱い）

会社は、労働契約の締結時に得た個人情報の管理について、これらの情報の開示及び利用は慎重に取扱うとともに、次の各号の目的のために利用する。

(1) 従業員の配置、昇進、異動、退職及び解雇

(2) 賃金等処遇決定、計算及び記録保持

(3) 所得税及び社会保険の諸手続

(4) 教育訓練、表彰及び制裁

(5) 福利厚生、安全衛生、災害補償及び災害時緊急通報

(6) 上記のほか、人事管理及び雇用管理上必要な事項

2　前条の個人番号（マイナンバー）は、次の各号の目的のために利用する。

(1) 給与所得及び退職所得に係る源泉徴収事務

(2) 社会保険全般（健康保険・介護保険・厚生年金保険・第3号被保険者）の保険届出及び申請事務

(3) 雇用保険届出及び申請事務

(4) 雇用関連の給付金申請事務

(5) その他法令等により個人番号（マイナンバー）を利用する業務が新たに生じたときは、別途明示することがある。

3　前各号の個人情報（マイナンバーを含む）の保護及び具体的取扱いについては、別に定める個人情報取扱規則による。

▷個人情報の利用目的
■個人情報保護法
（個人情報の保護に関する法律　平15.5.30施行）
▷個人情報の取扱い
　「個人情報」とは、氏名、性別、生年月日、その他の記述等により、特定個人の識別可能な情報をいう。例として、会社の所属と本人の名前を組み合わせた情報、家族構成や給与、健康診断結果等について、事前に当人への通知義務がある（個人情報保護法第2条第1項、第2項）。そのため就業規則にあらかじめ使用目的を明示しておく。

▷マイナンバー利用目的
■マイナンバー法第9条
会社は、個人情報を取り扱うにあたってはその利用目的をできる限り特定しなければならない。

▷個人情報取扱規則

### 解　説

□個人情報保護

・個人情報保護法が保護する個人情報には、会社内部の従業員等の個人情報も含まれます。従業員等の個人情報には、病歴、収入、家族関係などの慎重に取扱うべき情報も含まれているため、特別な配慮が要求されます。なお、ここでいう「個人情報」とは、生存する個人の情報で、

■個人情報保護法
会社が個人情報を取扱いにあたってはその利用の目的をできる限り特定しなければならない。（第17条第1項）
会社は、あらかじめ本人の同意を得ないで、特定

特定の個人を識別できる情報（氏名、生年月日等）のことを示しますが、他の情報と容易に照合できることにより特定の個人を識別できる情報（労働者名簿等と照合することで個人を特定できるような従業員番号）も含まれます。

□雇用管理情報

・雇用管理情報（会社が従業員を評価した情報も含まれる）については、病歴、収入、家族関係といった特殊性を含むことに鑑み、以下の項目について、その適切な取扱いが会社に要請されています（平 16.7.1 厚労省告示第 259 号　雇用管理に関する個人情報の適正な取扱いを確保するために事業者が講ずべき措置に関する指針）。

①収集する個人情報の利用目的を具体的に特定

②安全管理措置・・・個人データ管理者を事業所ごとに設置

③個人データの処理を外部に委託する場合の取扱い・・・再委託の制限、利用目的達成後の確実な破棄・削除

④労働組合の役割・・・企業が個人情報の取扱いについて、重要事項を決定する場合における組合との事前協議

□マイナンバー

・マイナンバーは、社会保障、税、災害対策の 3 分野で、複数の機関に存在する個人の情報が同一人の情報であることを確認するために活用されます。社会保障、税、災害対策の法令で定められた手続のために、国や地方公共団体、勤務先、金融機関、年金・医療保険者などに提供するものです。 マイナンバーの提供を受けた者は、こうした法令で定められた目的以外にマイナンバーを利用することはできません 。また、他人のマイナンバーを不正に入手したり、マイナンバーや個人の秘密が記録された個人情報ファイルを他人に不当に提供したりすると、厳しい罰則が課せられます。

## 第 10 条（身元保証）

> 　　身元保証人は独立して生計を営む成年者 2 名とし、原則として 2 名のうち 1 名は親権者、又はこれに代わる親族人とする。ただし、未成年者の場合、身元保証人には親権者を含まなければならない。
>
> 2　身元保証人の期間は 5 年間とし、会社が特に必要と認めた場合、その身元保証の期間の更新を求めることがある。

### 解　説

□身元保証

・身元保証は従業員本人の人物を保証又はその素行を監督するものではなく、従業員が使用者に損害を与えた場合に、それを賠償することを目的としています。

　しかし、令和 2 年 4 月に民法の改正により、「身元保証」も個人根保証契約の範疇に入ることとなったため、損害賠償を求める場合には、その限度額を定め、かつ、書面等を交わすことが定められました。

・民法第 465 条の 2「個人根保証契約の保証人の責任等」による限度額の設定等の規制を受けると解されます。身元保証には、この責任の範囲を限定する限度額の定めがない場合には、身元保証契約が無効となるため、限度額の定めが必要となります。

［例文］

> 第 10 条（身元保証）
>
> 　　乙は、本人が甲との雇用契約に違反し、又は故意若しくは過失によって甲に損害を生じたときは、限度額金○○万円の範囲内で、本人と連帯して直ちにその損害を賠償する責任を負う。

<＜法的根拠等＞>

■身元保証については「身元保証に関する法律」による。
第 1 条（身元保証契約の存続期間）
第 2 条（最長期間と更新）
第 3 条（使用者の通知義務）
第 4 条（保証人の解除権）
第 5 条（保証責任の限度）
第 6 条（強行規定）
身元保証の契約期間は 5 年を超えることはできず期間を定めない時は 3 年間に限り有効とされています。また、この契約期間自動更新することはできず、期間の満了時に更新手続きをしなければなりません。

■個人根保証契約の保証人の責任等（民法第 465 条の 2）
「保証人は、主たる債務の元本、主たる債務に関する利息、違約金、損害賠償その他その債務に従たる全てのもの及びその保証債務について約定された違約金又は損害賠償の額について、その全部に係る極度額を限度として、その履行をする責任を負う。
2．個人根保証契約は、前項に規定する極度額を定めなければ、その効力を生じない。」

・また、限度額の定めのない身元保証書については、不測の事態が発生した場合などに、従業員の身元を引受ける者を定めておく「身元引受人」的な要素を加味して別途定めておきます。

〈身元引受人の例示〉

（参考）
■身元保証法における
「身元保証書」
「身元引受書」
「身元保証契約書」
の印紙税は、印紙税法により非課税とされている。

> 　　今般、上記の者が貴社に採用されたことに当たり、私は、身元保証人としてその身元を引受け、貴社に対して次の責めを負担いたします。
>
> 1　　上記の者が貴社との労働契約に違反し又は故意、過失その他の責めに帰すべき事由によって貴社から処分を受けたときは、貴社に迷惑をかけぬよう、上記の者の人物、身上等を引受け、よく指導、監督することを約束いたします。
>
> 2　　心身の状態に不調が生じ、貴社の業務に支障のおそれがあるとき、また支障をきたしたときは、身柄の引取り等適切な措置をとります。
>
> 3　　この身元引受期間は本日より向こう3か年間とします。
>
> 　　また、上記期間満了後も上記の者が引き続き貴社に勤務しているときは、改めて契約の更新について協議いたします。
>
> 上記のことを約し、その証として本書を差し入れます。
>
> 令和　　年　　月　　日
>
> 株式会社○○○○
>
> 代表取締役　　○○○○○　殿
>
> 　　　　身元保証人　住　　所
>
> 　　　　　　　　　　氏　　名　　　　　　㊞
>
> 　　　　　　　　　　本人との続柄（　　　　　　）

# 第 11 条（労働条件の明示）

> 　会社は、従業員との労働契約の締結に際し、労働契約書（労働条件通知書を兼ねるものを含む。）及びこの規則を交付して、次の内容を明示する。
> 　(1) 労働契約の期間（期間の定めがない場合はその旨）に関する事項
> 　(2) 就業の場所及び従事する業務に関する事項
> 　(3) 始業及び終業の時刻、所定労働時間を超える労働の有無、休憩時間、休日、休暇に関する事項
> 　(4) 賃金の決定、計算及び支払方法並びに (3) 賃金の締切り及び支払時期に関する事項
> 　(5) 退職に関する事項（解雇の場合の事由を含む）
> 2　会社は、前項の労働条件その他従業員の待遇に変更があった場合は、個別に通知する。

## 解　説

□書面の明示方法

・労働契約の締結に際して明示する事項の明示方法については、従業員に適用される範囲が明確となった就業規則を交付することでも足ります。ただし、「就業規則の開示がされず、しかも就業規則の内容について不十分な説明しか行われなかった場合は、労基法第 15 条違反が成立する」（日新火災海上保険事件＝東京高裁平 12.4.19）とする裁判例があることから、絶対的必要明示事項に関わる書面交付は重要です。

□項目の書面明示

・「項目の書面明示の方法については、自由な方法でよく、当該従業員に適用する部分を明確にして就業規則を労働契約の締結の際に交付することとして差し支えないとされている。」（平 11.1.29 基発 45 号）

「交付すべき書面の内容としては、就業規則の規定と併せ、労働契約締結後初めて支払われる賃金等が当該従業

＜法的根拠等＞

▷労働条件の明示
■労働契約の内容の理解の促進（労契法第 4 条第 2 項）
「労働者及び使用者は、労働契約の内容（期間の定めのある労働契約に関する事項を含む。）について、できる限り書面により確認するものとする。」

〔通達〕労働契約法の施行について（平 24.8.1 基発 0810 第 2 号、平 30.12.28 基発 1228 第 17 号、その他）
「労働契約が継続している間の各場面（様々な労働契約の内容の変更に関わるもの）が広く含まれているとしている。」

■労働条件の明示（労基法第 15 条）
■労働条件（労基則第 5 条）
〔通達〕労基則第 5 条第 1 項の趣旨（昭 29.6.29 基発 355 号、昭 63.3.14 基発 150 号、平 11.3.31 基発 168 号）
▷労働条件の絶対的明示事項に「解雇の事由」を含める。
■退職に関する事項（解雇の事由を含む。）（労基則第 5 条第 4 号）

〔通達〕書面明示の方法（平 11.1.29 基発 45 号）
〔通達〕賃金に関する事項以外の書面の交付により明示すべき事項（平 11.1.29 基発 45 号）
〔通達〕書面により明示すべき賃金に関する事項（昭 51.9.28 基発 690 号、

員について確定し得るものであればよく、例えば、採用時に交付される辞令等であって、就業規則等に規定されている賃金等級が示されているもので差し支えない。」（昭 51.9.28 基発 690 号、昭 63.3.14 基発 150 号、平 11.3.31 基発 168 号）

□労働条件の相違
・明示した労働条件が事実と相違する場合、従業員はその労働契約を即時に解除することができます（労基法第 15 条第 2 項）。この場合には就業のために住居を変更した従業員に対し、一定の場合には、帰郷旅費を負担しなければならないこととされており、「明示した労働条件が事実と相違する場合」以外の理由による契約解除の場合には、その義務は発生しません。なお「福利厚生」はここでいう労働条件に含まれないものと解されます。
・明示するのは「労働契約の際」であり、採用及び募集時や試用期間満了後ではありません。なお、労働契約は口頭契約でも成立します（民法第 623 条）。
・派遣労働者として従業員を雇い入れるときは、あらかじめその旨を本人に明示しなければなりません（派遣法第 32 条第 1 項）。

## 注意すべき条文の例示と解説

> 会社は、採用する者に対し労基法第 15 条による労働条件を明示する。

・「就業規則の明示がされず、しかも就業規則の内容について不十分な説明しか行われなかった場合には、労基法 15 条違反が成立する」（日新火災海上保険事件＝東京高裁平 12.4.19）。絶対的必要明示事項に係る書面交付が義務化されていることを考慮すると、この条文は具体的内容に欠けています。

<法的根拠等>
昭 63.3.14 基 発 150 号、平 11.3.31 基発 168 号）
〔通達〕労働契約締結時の解雇事由の明示（平 15.10.22 基 発 1022001 号）
〔通達〕退職手当に関する事項（昭 63.1.1 基発 1 号、昭 63.3.14 基発 150 号、平 11.3.31 基発 168 号）
〔通達〕労働条件通知書等の普及促進について（平 20.2.20 基発 0220006 号、改正 平 26.9.24 基発 0924 第 1 号）

□絶対的必要明示事項（労基則第5条）

・(1) 労働契約の期間に関する事項

(1) の2　期間の定めのある労働契約を更新する場合の基準に関する事項

(1) の3　就業の場所及び従事すべき業務に関する事項

(2) 始業及び終業の時刻、所定労働時間を超える労働の有無、休憩時間、休日、休暇並びに労働者を二組以上に分けて就業させる場合における就業時転換に関する事項

(3) 賃金（退職手当及び第5号に規定する賃金を除く。以下この号において同じ。）の決定、計算及び支払の方法、賃金の締切り及び支払の時期並びに昇給に関する事項

(4) 退職に関する事項（解雇の事由を含む。）

□相対的必要明示事項

・(4) の2　退職手当の定めが適用される労働者の範囲、退職手当の決定、計算及び支払の方法並びに退職手当の支払の時期に関する事項

(5) 臨時に支払われる賃金（退職手当を除く。）、賞与及び第8条各号に掲げる賃金並びに最低賃金額に関する事項

(6) 労働者に負担させるべき食費、作業用品その他に関する事項

(7) 安全及び衛生に関する事項

(8) 職業訓練に関する事項

(9) 災害補償及び業務外の傷病扶助に関する事項

(10) 表彰及び制裁に関する事項

(11) 休職に関する事項

□必要記載事項と必要明示事項

・就業規則には、絶対的必要記載事項と相対的必要記載事項を定めますが、労働契約においては、絶対的必要明示事項と相対的必要明示事項を明示します。必要記載事項

■労基則第5条

「使用者が法第15条第1項前段の規定により労働者に対して明示しなければならない労働条件は、次に掲げるものとする。ただし、第1号の2に掲げる事項については期間の定めのある労働契約であって当該労働契約の期間の満了後に当該労働契約を更新する場合があるものの締結の場合に限り、第4号の2から第11号までに掲げる事項については使用者がこれらに関する定めをしない場合においては、この限りでない。」

と必要明示事項は、類似していますが、異なる点もあります。

労働契約の期間に関する事項、就業の場所、従事すべき業務に関する事項は必ず明示し、休職に関する事項については、会社が定めている場合は明示が必要です。

また、就業規則の作成届出義務のない規模の事業主であっても、労働条件の明示は必要です。

□労働契約の成立（労契法第6条）

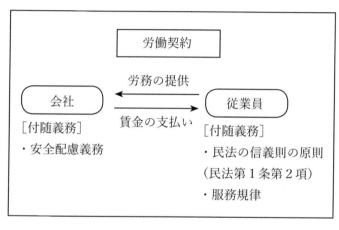

□労働契約と付随義務
・従業員と会社が労働契約を締結すると同時に、両者に対して付随義務が生じます。労働契約締結に伴って発生する義務は、次のとおりです。
（1）労働者が守るべき義務（民法第1条の信義則による付随義務）
　①職務専念義務
　②企業秩序順守義務
　③使用者の施設等管理権に服する義務
（2）労使双方が守るべき義務（労契法第3条関係による付随義務）
　①労使対等の原則

②均衡考慮の原則

③仕事と生活への配慮の原則

④信義誠実の原則

⑤権利濫用の禁止の原則

（3）使用者が守るべき義務（労契法第5条による）　　　■労契法第5条

　①安全配慮義務

・付随義務は、労働契約を締結するとともに、労使双方に生じます。

　民法第1条の信義則により、従業員は、職務に専念し、企業秩序を遵守し、使用者の施設等の管理方法に従って労務を提供します。使用者は、就業環境及び企業秩序等を整備し、安全に職務に専念することができるように配慮します。

## 第12条（試用期間）

■解雇予告の適用除外（労基法第21条）

▷試用期間の延長
＜判例＞大阪読売新聞社仮処分控訴事件（大阪高裁昭45.7.10）

> 　　新たに採用した者については、原則として採用した日から3か月間を試用期間とする。ただし、会社が必要と認めたときは、この期間を設けず、又は短縮することがある。
> 2　試用期間を満了した従業員は、本採用とし、試用期間は勤続年数に通算する。

### 解　説

□試用期間の設定

・試用期間を設けるかどうかは会社の裁量によりますが、従業員の能力、技能、人格等が従業員としての適格性を有するか否かは短い期間で判断することが困難なため、本採用をするかどうかを決定するまでの期間として試用期間を定めます。

＜判例＞採用時に期間を定めた場合の試用期間と雇用期間の解釈
地位確認請求事件（神戸弘陵学園事件＝最三小平2.6.5）

□試用期間の目的

・試用期間を設ける目的は「本採用決定までの解約権が留

■期間の計算（民法第140条）
〔「日」「週」「月」「年」で定められた期間の起算点〕

38

保された期間」と考えられており、従業員にとっては身分が不安定な期間となります。そのため、不当に長い期間又は会社の勝手な都合で延長することはできません。

□試用期間中の解雇

・会社で定めている試の使用期間（試用期間）にかかわりなく、入社後 14 日を超えれば、労基法第 20 条の解雇予告、若しくは予告手当の支払は必要です。

□試用期間の延長

・試用期間の延長について、試用期間延長の要件と解雇の効力が争われた事案では、試用期間満了後は従業員に登用する義務があることが原則であり、試用期間の延長は例外であるから、その場合は、合理的な理由が必要であるとしています。（大阪読売新聞社仮処分控訴事件＝大阪高裁昭 45.7.10）

・合理的な理由として

(1) 既に従業員として不適格と認められるけれども、なお、本人のその後の態度（反省）いかんによっては登用してもよいとして、即時不採用とはせず試用の状態を続けていくとき

(2) 適格性に疑問があって、本採用するには、ためらわれる相当な事由があるため、なお選考の期間を必要とするとき

などがあげられます。

## 注意すべき条文の例示と解説

> 内定を決定した者については、本採用までの間に研修を義務づける。なお、この場合は賃金を支給しない。

・採用前に研修を行うことは世間一般的に広く行われていることでもあり、労基法上の問題もありません。しかし、内定段階で研修を「強制」することはできません。

また、採用後に行う研修、研修旅行については、労働の

日、週、月または年で期間が定められている場合は、期間の初日は数えず翌日を起算日（第 1 日）とする（原則）。

〔通達〕試の使用期間中の解雇（昭 24.5.14 基収 1498 号）
「・・・試の使用期間を 30 日と定めていても、それに関わりなく 14 日を超えれば解雇予告が必要となる。」

対価を支払う義務がありますが、採用前に行う任意参加型の研修、研修旅行については「日当」を払えば足ります。なお、この場合の日当は、社内規定に基づき支給し、最低賃金を上回る範囲で定めます。

## 第13条（本採用の取消）

　　会社は、試用期間中の従業員が次の各号のいずれかに該当し、従業員として不適当であると認められる場合 [4] は、採用を取消す。
　(1) 遅刻及び欠勤並びに早退が多い、又は休みがちである、勤務状況が悪いとき [4]
　(2) 必要な教育はしたが、職務を遂行する能力が不足しているとき
　(3) コミュニケーション能力が不足しているとき
　(4) 粗暴なふるまいを行う、やる気がない等、態度が悪いとき
　(5) 職務の遂行や職場での行いに対して、再三の注意を行っても、改善が見られないとき
　(6) 健康状態が悪く、業務に耐えられないと会社が判断したとき
　(7) 上司の指示に従わない、他の従業員との協調性がない等、周囲の環境を害するとき
　(8) 従業員としての適格性を欠くとき
　(9) この規則に定める解雇事由に該当したとき
　(10) その他前各号に準じる事由が生じたとき
2　試用期間中の従業員には、この規則に定める休職規定は適用しない。
3　採用の日から14日を経過した者の採用取消については、30日前に本人に予告し、又は平均賃金の30日分に相当する予告手当を支給する。

〔通達〕労働者の責に帰すべき事由（昭23.11.11基発1637号、昭31.3.1基発111号）

■解雇予告の適用除外（労基法第21条第4号）「試の使用期間中の者。ただし、…14日を超えて引き続き使用されるに至った場合は、この限りでない。」

## 解 説

□本採用取消

・本採用取消とは、試用期間終了後、本採用せず契約を解除することのほか、試用期間中の契約解除も含みます。

・本採用取消も解雇に該当します。そのため、解雇に当たっての合理的な理由及び労基法上の手続が必要です。「留保解約権の行使は、解除権留保の趣旨、目的に照らして客観的に合理的な理由が存し、社会通念上相当として是認され得る場合のみ許される」（三菱樹脂事件＝最大昭48.12.12）とあり、本採用取消は実質上の解雇となります。しかし、次に記載の図のように、通常の解雇よりも本採用取消のほうが、その正当事由の範囲は広いものと解されます。したがって、本採用取消については、解雇事由とは別に採用を取消すための事由を具体的に定めます。

＜判例＞試用期間中の本採用の拒否のような留保解約権に基づく解雇は、通常の解雇とは同一ではなく、広い範囲での解雇が認められる（三菱樹脂事件＝最大昭48.12.12）

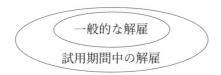

一般的な解雇

試用期間中の解雇

これは、正当事由の範囲が広いと解されるとはいえ、解雇が権利の濫用に該当させないためでもあります。

・例えば、試の使用期間付きで採用した従業員であっても、試用期間が14日を超えた段階で、本採用を取り消す場合は、少なくとも30日前にその旨を通知するか、それに代えて解雇予告手当の支払い行います。

また、本採用の取消（解雇）を行うには、その解雇が権利の濫用に該当しない客観的に合理的な理由が必要です。

・試用期間の延長は、従業員を不安定な地位に置くことになるので、就業規則上に根拠を示すなど合理的な理由がなければ、原則としてこれを行うことはできません。

〔通達〕試の使用期間中の解雇

「試の使用期間中の者であっても、その試用期間が14日を超えた場合は、解雇予告の義務を除外しないこととしたものである。従って会社で定めている試の使用期間の如何にかかわりなく、14日を超えれば解雇予告、もしくは予告手当の支払を要するものである。」（昭24.5.14 基収1498号）

■解雇（労契法第16条）
「解雇は、客観的に合理的な理由を欠き、社会通念上相当であると認められない場合は、その権利を濫用したものとして、無効とする。」

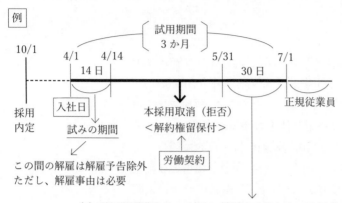

例

10/1　4/1　4/14　試用期間<br>3か月　5/31　7/1

14日　　　　　　　　30日

採用<br>内定　入社日　　　　本採用取消（拒否）<br>＜解約権留保付＞　正規従業員

試みの期間

労働契約

この間の解雇は解雇予告除外<br>ただし、解雇事由は必要

（1）試用期間満了日の 6/30 に解雇する場合は、30 日前<br>　　の 5/31 に解雇予告が必要<br>（2）6/1 〜 6/30 の間に解雇する場合は、解雇予告日数<br>　　＋解雇予告手当が必要<br>（3）同上の期間末に解雇予告手当を支給せずに解雇する<br>　　場合は、30 日の試用期間を延長したうえで解雇する

## 注意すべき条文の例示と解説

> 試用期間中に従業員として不適格と認められた場合は、直ちに解雇する。

・「留保解約権の行使は、解約権留保の趣旨、目的に照らして客観的に合理的な理由が存し、社会通念上相当として是認され得る場合のみ許される」（三菱樹脂事件＝最大昭 48.12.12）ことから、本採用取消も解雇に該当するので、解雇に当たっての合理的な理由及び労基法上の手続を行います。

> 採用後 3 か月間は試用期間とし、試用期間中に従業員として不適当と認めたものは、その期間中にいつでも解雇する。

・試用期間中に、いつでも解雇できるものではありません。試用期間の開始後 14 日を超えて解雇する場合には、労基法の規定のとおり、30 日前の解雇予告又は 30 日分の解雇予告手当の支払いが必要となります。さらに労契法

＜法的根拠等＞

〔通達〕労働契約法の施行について（平 24.8.10 基 発 0810 第 2 号、 平 30.12.28 基発 1228 第 17 号）<br>第 4　労働契約の継続及び終了<br>3．解雇（労契法第 16 条関係）<br>（1）主旨<br>解雇は、労働者に与える影響が大きく、解雇に関する紛争も増大していることから、解雇に関するルールをあらかじめ明らかにすることにより、解雇に際して発生する紛争を防止し、その解決を図る必要がある。<br>このため、法第 16 条において、権利濫用に該当する解雇の効力について規定したものである。<br>（2）内容<br>法第 16 条は、最高裁判所判決で確立しているいわゆる解雇権濫用法理（日本食塩製造事件＝最二小昭 50.4.25）と規定している。<br>※ P64「第 27 条　解雇」を参照

＜判例＞三菱樹脂事件<br>（最大昭 48.12.12）

■解雇の予告（労基法第 20 条）<br>〔通達〕法第 20 条の規定は、使用者側より解雇を制限するものであって、労働者側よりする退職については就業規則その他に別段の定めのない場合には民法の原則による。〜以下省略〜（昭 23.3.31 基発 513 号）

<法的根拠等>

第16条（解雇）で権利の濫用について規定しています。

参考

□始期付解約権留保付労働契約（内定の取消）

・労働法では、会社が内定者に、採用内定の通知を出した
後に、内定を取り消すことを、解雇と同様に扱います。
これは、会社が採用内定通知を発し、内定者が応諾の返
答をした段階で「労働契約」が締結されたとみなされる
ためです。

また、内定取消は「解雇」と同様の扱いとなるため、解雇の
権利の濫用に該当しない客観的に合理的な理由が必要とな
り、採用内定の通知書には、採用内定を取消す具体的な事由
を記載する必要があります。

なお、「始期付」とは、内定の時期から実際に入社し就
労するまでの一定の期間を指し、「解約権留保付」とは、
入社までの間でやむを得ない事由が発生した場合に内定
を取り消すための具体的な事由が記載された、条件付き
の労働契約のことをいいます。

<判例>採用内定の取消
（大日本印刷事件＝最二
小昭54.7.20）
⇒大卒採用内定者の内定
　取消を無効とした例

## ◆用字用語の使い方◆ ＜第2章　人事　　第1節　採用＞

(1) 第7条「その他」

「その他」という接続語の前後で結び付けられる用語には「その他の」のような全体と部分例示の関係はなく、単に並列的にある事項と他の事項を結びつける場合に用いられます。

(2) 第8条「〜のほか」

「AのほかB」には、Aを含めてという意味や、Aに追加してBをもというように、抱合又は追加の意味があり、「及び」「並びに」と同様の意味があるといえます。

　また、「の外」と記載されている場合もあります。

(3) 第11条「並びに」

「並びに」も、「及び」と同様、2つ以上の単語又は文章を並列する場合に使用されます。しかし、「並びに」は、「及び」を使用することによって、1つにまとまったカテゴリー同士を並列する場合に使用されます。したがって、「及び」が使用されていない場合に「並びに」は使用されません。このように、日常的には「及び」と「並びに」は同じように使用されていますが、明確に使い分けられています。

(4) 第13条「場合」「とき」

「場合」と「とき」は、いずれも将来起こり得る事実、状況を仮定的条件として表す場合に用いる点で共通します。意味としては、ほぼ同義と考えてかまいませんが、同一条項で仮定的条件が2つある場合には、大きな前提では「場合」を、小さな前提では「とき」を用います。

　とき「時」…⑤おり。ばあい。「こんな……」表記　条件・原因・理由などをあらわしたり、「……のとき」のように形式名詞として使われるときはかながき。（新選国語辞典―新版―/ 小学館）

# 第2節　異　動

## 第14条（異　動）

> 　　会社は、業務上の都合により、従業員に異動を命
> ずることがある。
> 2　　異動を命じられた従業員は、会社が正当と認める
> 理由がない限りこれを拒むことができない。
> 3　　会社は、業務上の都合により、職種又は勤務地を
> 限定している従業員といえども、職種変更、限定され
> た勤務地以外の勤務地への異動を命ずることがある。
> この場合には、その理由を事前に明示する。
> 4　　会社は、従業員に異動を命じる場合で、子の養育
> 又は家族の介護を行うことが困難となる従業員がいる
> ときは、当該従業員の子の養育又は家族の介護の状況
> に配慮し、また、不利益が少なくなるように努める。

### 解　説

□異動

・異動には、次の2つのパターンが存在します。

　(1) 配置転換、職種変更、転勤など会社内において勤務
　　　場所、職務の種類、地位を異動させる場合

　(2) 出向、派遣、転籍のように会社間を異動させる場合

・日本では、解雇の制限が強い代わりとして、以下の注意
　点に該当する場合を除き会社側の異動における裁量権が
　広範に認められる傾向があります。

　①合理性のない異動は禁止（例：嫌がらせのための配置
　　転換など）

　②養育・介護を行っている従業員に対しては配慮が必要

　③出向は、就業規則に出向がある旨を記載することで可
　　能である

▷異動
・就業規則等で配置転換
　応諾義務があることを
　規定しておくとよい。
・入社の際の労働契約書
　や就業規則に定めてい
　る配転応諾義務を明示
　して、包括的に異動に
　ついて同意を得ておく
　ことが必要となる。具
　体的な要件は求められ
　ていないため、配転応
　諾義務のあることを規
　定しておくのみでよい。

▷異動に関する懲戒処分
　正当な理由なく異動命
　令に拒否した場合
⇒第85条第7号により、
　諭旨解雇・懲戒解雇に
　該当する可能性がある。

■労働者の配置に関する
　配慮（育児・介護休業
　法第26条）

■民法第625条第1項(使
　用者の権利の譲渡の制
　限等)

〔参考〕精神障害の労災
　認定基準に「配置転換が
　あった」ことを理由とす
　る例です。
※配置転換させられたこ
　とによるストレス
※配置転換後の職場環境
　によるストレス

45

□職種・勤務地限定

・職種又は勤務地を限定し採用された従業員を、本人の同意なくして職種変更、限定勤務地外へ転勤させることができないとしたケースもあります。しかし、事業の見直し等で職種変更が避けられないときのために、職種限定従業員であっても異動の可能性を示しておく必要があります。

その際には、必要性に対応して、事業所の閉鎖等があれば、本人が希望すれば他の職種や地域への異動について考慮します。

## 第 15 条（異動の種類）

> 　　前条に定める異動は、次のとおりとする。
> 　(1) 配置転換　同一事業場内での担当業務等の異動
> 　(2) 職種変更　職種の異動等
> 　(3) 転　　勤　勤務地の変更を伴う所属部門の異動
> 　(4) 派　　遣　在籍のまま社外で勤務（労働者派遣法に基づく派遣を含む）
> 　(5) 出　　向　会社に在籍のまま他の会社又は団体などへの転出

▷出向者取扱規程

| 解　説 |
| --- |

□異動に関しての留意点

・異動に関して規定する場合の項目としては、

　①異動の意義・種類

　②異動の基準

　③異動の発令手続

　④事務引継ぎ・赴任

　などがあります。

□配置転換

　「配置転換については、入社の際の労働契約書や就業規

＜判例＞東亜ペイント事件（最二小昭 61.7.14）

＜判例＞日東タイヤ事件（最二小昭 48.10.19）「出向休職は休職規定だけでは出向義務の根拠や規定とはならない。⇒出向そのものについての具体的規定が必要である。」

＜判例＞ミロク製作所事件（高知地裁昭 53.4.20）「転籍命令は本人の同意が必要である」として無効とした例

則に定めてある配転応諾義務を明示し、包括的に異動について同意を得ておくことは必要だが、具体的な要件は求められていない。したがって、配転応諾義務のあることを規定するのみでよい。」(東亜ペイント事件＝最二小昭 61.7.14)

<法的根拠等>
<判例>日本石油精製事件(横浜地裁昭 45.9.29)「明確な根拠条文の存在しない転籍は無効である」とした例

## 第16条(業務引継ぎ・赴任)

> 従業員が異動を命じられた場合、及び退職又は離職する場合は、後任者に対し、指定期日までに業務の引継ぎを完了し、会社にその旨を報告しなければならない。
> 2　前項に違反し、引継ぎを怠った場合及び不完全な引継ぎを行った場合、その他業務に支障をきたした場合には、懲戒処分を科すことがある。

解　説

・会社業務は人事異動があっても遅滞なく円滑に遂行されることが必要であるため、業務引継ぎは確実に実行されなければなりません。転勤、配置転換、出向などの人事異動に伴い業務引継ぎが必要ですが、個人の都合により、業務の内容・ノウハウなどは引き継がないというケースもあり得るので、その場合は減給などの懲戒処分の対象となることがあります。会社内の情報共有及び人事政策を考えるうえでは、このような規定は特に重要です。

## 第3節　休職・復職

# 第17条（休　職）

■作成及び届出の義務（労基法第89条）
「前各号に掲げるもののほか、当該事業場の労働者のすべてに適用される定めをする場合においては、これに関する事項」

> 　従業員が、次の各号のいずれかに該当した場合は、休職を発令する。ただし、勤続期間が6か月に満たない場合は適用しない。
> (1) 業務外の傷病により欠勤が継続、断続を問わず日常業務に支障をきたす程度に続くと認められるとき
> (2) 身体又は精神の疾患により労務提供が不完全なとき
> (3) 前各号の他、特別の事情があって休職させることを必要と認めたとき
> 2　前項第1号又は第2号の休職を発令する場合、従業員は医師の診断書又は証明書その他休職事由に該当する事実を証明できる書類を提出しなければならない。

### 解　説

□休職
・休職とは、従業員を業務に従事させることが不能又は適当でない場合に、一定期間在籍したまま就労義務を免除し、就労させない在職中の特別な扱いをいいます。

□休職の適用除外
・試用期間中の従業員及びパートタイマー等の長期雇用を前提としない従業員については、適用除外にします。休職についてはその内容、対象者、休職期間等は会社が独自に定めることができます。

□不完全な労務提供
・心身の状態が不完全である場合、労務提供の質と量が不完全になるときがあります。また、同じ職場で働く他の従業員にも悪影響を及ぼし組織全体の士気が低下するこ

▷労務の提供
■民法第1条（基本原則）
2　権利の行使及び義務の履行は、信義に従い誠実に行わなければならない。⇒不完全な労務提供

とも考えられます。一般に心身の疾患に罹っている場合は、欠勤が断続的に続いたうえで、また出社してくるケースもあり、欠勤が継続していなくても不完全な労務提供しかできないとの理由で休職の取扱いができるようにしておきます。

□精神疾患

・メンタル不調等の精神疾患は最悪の場合、自殺等の死にいたる可能性がある病気です。最近は、従業員の発病が増加傾向にあり、また労災認定（※）の可能性も高くなってきています。

そのため、従業員にメンタル不調の兆候が現れた場合、まずは健診に行くことを命じ、医師の診断を仰ぎます。必要であれば休職を命じ療養させます。

なお、メンタル不調等の精神疾患に罹った場合、自殺リスクが一番高まるのは発症から間もない時期との研究結果もあり、早期発見、早期対応が、従業員の命のみならず、会社を守ることにも繋がります。

□労災認定

・心身の不調により従業員が死亡した場合等に、それ以前の働き方による業務上の要因（長時間労働及びストレス等）が高いと認められると、労災と認定されることがあります。労災と認定されたとき、従業員本人又は遺族は、会社に対して損害賠償請求（安全配慮義務（※）の債務不履行又は不法行為）を提起し、紛争となることもあります。

## 注意すべき条文の例示と解説

> 休職期間が満了しても復職できないときは解雇する。

・休職制度は、一定期間解雇を猶予する効果があり、労使ともにメリットがあるものです。したがって、休職満了時に改めて解雇予告を必要とするような規定を設ける必要はありません。

<法的根拠等>

■労働者の安全への配慮
「使用者は、労働契約に伴い、労働者がその生命、身体等の安全を確保しつつ労働することができるよう、必要な配慮をするものとする。」（労契法第5条）
■債務不履行（民法第415条）
■不法行為（民法第709条）

※労災認定
精神障害の労災認定基準

※安全配慮義務
<判例>電通過労自殺事件（最二小平12.3.24）
損害賠償判決結果 約1億6,800万円

> 　　従業員が逮捕、拘留又は起訴され、業務に従事で
> きないときは、会社が必要と認める間、休職とする。

・公務員・大企業の規定（起訴休職）をそのまま流用した
　事例です。果たしてこのようなケースは何年に1度ある
　のでしょうか。
　このようなレアケースまで想定した場合は「業務上の必
　要性又は非違行為などの特別の事情」という定めで対応
　します。


## 第18条（休職期間）

> 　　休職期間は、次のとおりとする。ただし、休職期
> 間は、会社が特に必要と認めた場合には、延長する
> ことができる。
> 　(1)「業務外の傷病（前条第1号）」「精神又は身体上
> 　　の疾患（同第2号）」のときは、
> 　　勤続年数6か月以上5年未満・・・6か月
> 　　勤続年数5年以上・・・・・・・1年
> 　(2)「特別の事情（同第3号）」のときは、その必要
> 　　な範囲で会社の認める期間、ただし、会社が必要
> 　　と認めた場合は延長させることがある。
> 　2　休職期間は、原則として、勤続年数に通算しない。
> 　ただし、会社の業務の都合による場合及び会社が特別
> 　な事情を認めた場合は通算する。
> 　3　休職期間中は、無給とする。
> 　4　休職期間中で、給与が支払われない月における社
> 　会保険料の従業員負担分、住民税、その他本人負担分
> 　は、会社の指定日迄に、会社指定の銀行口座に振り込
> 　まなければならない。
> 　5　休職期間中の従業員は、少なくとも月1回以上会
> 　社に近況を報告しなければならない。

■療養補償（労基法第75
　条）～補償を受ける権
　利（同法第83条）

＜判例＞タカラ事件（東
京地裁平4.9.8）

▷休職発令書

## 解　説

□休職期間

・休職期間は、会社に在籍しつつ、一定期間の労働を免除
　する制度であり、この期間は、中小規模の会社では無給
　であることが一般的です。しかし、私傷病などによる休
　職期間について健康保険法により傷病手当金（受給開始
　より1年6か月まで）が受給できることもあります。

▷傷病手当金

・休職者の休職期間を定めた場合の当該期間は、実質的な
　休職状態が始まった時からではなく、正式に休職が発令
　された日から起算します。

□賃金、社会保険料等

・休職期間は、長期となることもあり、また休職期間中は、
　会社、従業員双方に社会保険料が発生し、そのことが負
　担となる場合もあることから、現実的な期間設定が必要
　です。

・賃金その他（社会保険料等）について一般と異なる扱い
　をする場合には、賃金規程等別規程に整理して明記しま
　す。また、休職期間を勤続年数に算入するかどうかは、「そ
　の都度会社が定める」のではなく、休職事由ごとにあら
　かじめ定めておきます。

・休職期間中は、労働義務が免除されているため、年次有
　給休暇を取得することはできません。

# 第19条（復　職）

> 　　休職中の従業員（第17条第1項第1号及び第2号）が復職を希望する場合には、医師の診断書を添えて、復職願いを提出しなければならない。
>
> 2　前項の規定により休職期間満了時までに治癒、又は (1) 復職後ほどなく治癒することが見込まれると会社が認めた場合に復職させる。また、この場合には、必要に応じて会社が指定する医師の診断及び診断書の提出を命じることがある。
>
> 3　治癒とは休職前に従事していた業務を通常の程度に行える健康状態に回復することをいい、傷病の完治・寛解をいうものではない。

▷「治癒」の原則
&lt;判例&gt;平仙レース事件
（浦和地裁昭40.12.16）
「従前の職務を通常の程度に行える健康状態に復したときをいう」

## 解　説

□休職の解除

・休職期間中に休職事由がなくなった場合は、当然休職が解除され、復職となりますが、円滑な職場復帰を図るうえでも「復職願の提出」「審査のうえ」等の一定条件を付します。

□職場復帰

・会社が職場復帰は難しいと判断しても、従業員の申出又は医師の診断書では職場復帰可能と訴えてくることがあります。しかし、医師の判断する「治癒」と、会社が判断する治癒では程度が異なるときもあります。職場復帰が認められるための「治癒した」状態とは、単に出社できる、軽作業又は事務仕事ができるという意味ではなく、「休職前に行っていた通常の業務を遂行することができる程度に回復」した状態であると明確に定義します。また、不完全な労務を提供しても、それは債務の本旨に従った労務の提供ということにはなりません。したがって、会社はその受領を拒絶することができます。

▷復職時の注意点
①復職後は従業員からの通知？復職願？医師の診断書（誰が費用負担？）
②事由消滅は、何を根拠に誰が判断するのか？
③期間満了時に復職できない場合はどうするのか？
④期間途中の復職はないのか？
⑤休職は何度でもできるのか？
⑥心身の疾患が再発した場合は？　休職の通算期間の使い方は？
⑦復職の取り消しは？
本人が復職を希望したとしても、実際に通常通り勤務できるかどうかの確認の義務は、会社が負っている（安全配慮義務）。また、従業員個人が関係する医師は、従業員の意に沿った診断書を作成する可能性があるため、会社の指定する医師に診てもらうことがよい。

□復職後

・職場復帰だけでなく職場復帰後も、継続して雇用するための対策が必要です。仕事及び職業生活に対する強い不安、悩み、ストレスを訴える従業員が増加しています。また、身体的な疾患を発症しながらも勤務を続ける従業員も増加しています。

会社に採用されてから精神障害を有するに至った者及びがん等の疾患を有するに至った者の雇用の継続が問題となっています。

復職に当たっては、従前の職務へ復帰させることが第一選択肢となります。しかし、休職の原因となった理由が、従前の職務にある場合等は、配置転換等をすることを考慮します。

・しかし、従前の職務復帰に関しては、特に中小企業では次の場合には、職種変更してまで雇用を継続することができない可能性もあります。また、職務内容、職種変更により給与に変更がある場合は、その取扱いを定めておく必要もあります。

①小規模事業場で配置転換することができないとき

②職務を限定して雇い入れられた従業員のとき

③専門的業務に従事する従業員のとき

□治療と仕事の両立支援

・休職期間には、次の2つの概念があるといえます。

①退職までの猶予期間

②治療と仕事の両立準備のための期間

・従前は、心身に不調を来たし、労務の提供ができなくなった場合に休職を命じ、その満了をもって退職とする、といったやり方が多く、別の考え方として「解雇猶予期間」に近いものがありました。

・しかし、最近は治療と仕事の両立支援が推奨されています。「会社の健康経営」「従業員のワークライフバランス」「ダイバーシティ推進」等が推進され、従業員は、治療

＜法的根拠等＞

▷職場復帰に関するガイドライン
「心の健康問題により休業した労働者の職場復帰支援の手引き」
（厚生労働省　改訂令2.7)

〔通達〕心理的負荷による精神障害の認定基準について（令2.8.21基発0821第4号）

を受けながら働き、QOL を向上させることが推奨され
つつあります。

・手術に伴う入院日数等は、日帰り入院等も増え短縮され
ていますが、術後、体に負った怪我と同様である手術痕
が治り回復するにはそれなりの時間がかかります。三大
疾病に限らず、入院手術等を受けた際には、「リハビリ」
又は「通院治療の継続」などが生じることもあります。

・「がん」を例に挙げると、「年間約 85 万人が新たにがん
と診断されており、このうち約 3 割が就労世代（20 〜
64 歳）である」「2003 年〜 2005 年の間にがんと診断さ
れた人の約 6 割は、5 年後も生存している状況にある」
等のデータ（事業場における治療と仕事の両立支援のた
めのガイドライン【厚生厚労省】より）もあり、三大疾
病にかかわらず、病気を治療しながら仕事に従事するこ
とは、誰にでも起こり得る状況となっています。そのよ
うな社会の状況の変化から、休職期間の概念はこれまで
とは異なり、治療と両立しながら仕事に従事するための
期間という捉え方が高まっています。

▷「事業場における治療と仕事の両立支援のためのガイドライン」（厚生労働省　改訂令 4.3）

## 第 20 条（休職期間の通算）

> 　休職が傷病によるものの場合、同一傷病又は類似
> の傷病による休職の中断期間が 6 か月未満の場合は、
> 前後の休職期間を通算する。

解　説

・いったん復職したものの、しばらくしてから再度同一の
疾病又は類似の傷病により休職を繰り返す場合もあるた
め、一定期間内の再発等であれば期間を通算する等の規
定を設けることもあります。

・再発の可能性がある病気の場合、あらかじめ規定してい
なければ、通算することはできませんが、「6 か月以内の

再発時については、最初の休職と通算する」と規定して
おくことで、休職期間の通算が可能です。

|例| 勤続2年以上の従業員が1月にうつにより3か月休
業後、職場復帰したものの復帰後2か月目に再発し、
再休業となった場合

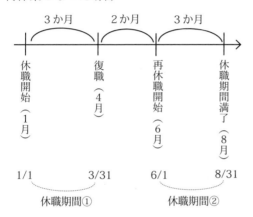

## 第21条（復職の取消し）

従業員が復職後6か月以内に同一又は類似の事由
により、欠勤又は通常の労務提供ができない状況に
至ったときは、復職を取消し、直ちに休職とする。
2　前項の場合の休職期間は、復職前の休職期間の残
余の内とする。

|解　説|

・復職後も、すぐには復職前と同様に働けないことは想定
するとしても、連続して1週間以上の欠勤が続くような
ケースでは、復職可能な状態まで回復していないことも
考えられます。また、無理をすることによって病状の悪
化の可能性もあります。医師との連携により速やかに本
人に指示をします。

# 第22条（休職期間満了による退職）

> 　休職を命ぜられた従業員が、休職期間を満了して
> もなお (2) 傷病が治癒せず就業が困難な場合は、原則
> として、休職期間満了の日をもって退職とする。

## 解　説

□休職期間の満了

・「休職期間が満了しても復職できない場合について、あらかじめ「期間満了時において、なお休職事由があるときは退職とする」等明確に規定しておくのが望ましい。この場合は、定年による退職と同じ規定の退職扱いとなる。」（電機学園事件＝東京地裁昭 30.9.22）。

・休職期間満了による退職の条件を満たしている場合で、対象者の状況によっては、即座に退職を決定しないことが考えられます。例えば、期間満了を理由として退職させることが、対象者の心身の状態を著しく増悪させるおそれが考えられるようなケースでは、注意が必要です。

・会社は、就業規則の休職期間を延長する規定がなくても、個別の状況に応じて休職期間を延長することが可能です。

> ＜参考＞「休職期間満了」による退職理由
> 　　　（例：雇用保険被保険者離職証明書の離職理由）
> 　6　その他（1-5 のいずれにも該当しない理由）
> 　　　（理由を具体的に「休職期間満了に伴う規定退職」）

▷休職期間満了による退職
復職できないとき・・・退職とする
（就業規則に定めることによる退職⇒規定退職）

＜判例＞アロマカラー事件（東京地裁昭 54.3.27）休職期間満了時に傷病が「治癒」しなかった場合に、「従前の労務と異なる労務を受領する義務はない」として従業員を退職としたことが有効とされた例。

注：就業規則の該当条文の写しの添付を求められるときがある。

# 第23条（復職後の勤務）

> 　会社は、復職にあたり、医師の診断をもとに、リ
> ハビリ勤務又は試し勤務など状況に適合した勤務を
> させることがある。

■安衛法第 66 条の 4（健康診断の結果についての医師等からの意見聴取）
「健康診断の結果に基づき、「当該労働者の健康を保持するために必要な措置…」

## 解　説

□医師の診断

・心身の不調により休職し、その後復職するようなケースでは、復職前と同じような働き方がすぐにはできない場合もあるため、会社は、医師の診断のもと、復職後の働き方に配慮します。

　　・就業場所の変更

　　・作業の軽減

　　・労働時間の短縮

　　・深夜業の回数の減少等（安衛法第 66 条の 5 健康診断実施後の措置）

□一定期間のリハビリ勤務と残業制限

・従業員が復職する場合に、時短勤務から開始し、フルタイム勤務へ移行、復職から数か月又は 1 年後などの時間を経て、残業制限を解くといったリハビリ勤務を行いながら職場復帰する制度を設けている例もあります。

　また、会社は、復職後の従業員に対して、復職後すぐに時間外労働・休日労働を命じることがあってはなりません。復職の従業員に対しては、一定期間は、本人の心身の状況に配慮した勤務に就かせることが必要です。

〔通達〕労働安全衛生法第 66 条の健康診断の結果に基づいて休業又は労働時間を短縮した場合（昭 23.10.21 基発 1529 号、昭 63.3.14 基発 150 号）

◆用字用語の使い方◆ ＜第２章　人事　第３節　休職・復職＞

(1) 第19条「又は」
　「又は」は、２つの単語又は文章を並列し、それらを同じカテゴリーとして表現する場合で、それらが選択的であるときに使用される用語で、日常で使用する場合と同じ意味です。
　なお、並列したい単語又は文章が３つ以上になるときは、「A、B又はC」のように、最後の部分に「又は」を使用します。

(2) 第22条「なお」
　「なお」は、ある事柄を述べた後で、さらに別の事柄を言い添えるときに用います。「A。なお、B」のとき「A」と「B」は、関連性はあるものの、あくまで中心となるのは「A」であるため、「B」の部分の記載が多くならないように注意が必要です。

## 第4節　定年、退職、解雇

## 第24条（定　年）

> 　　従業員が満60歳に達した日をもって定年退職とする。
> 2　前項にかかわらず、定年に達した従業員が希望する場合、次に該当する場合を除き、定年退職の翌日から引き続き満65歳に達するまで再雇用とする。
> 　(1) 定年退職日において傷病休職中のとき
> 　(2) 健康診断結果等において勤務上の配置措置が必要とされているとき
> 　(3) 就業規則の解雇事由に該当する不適格事由のあるとき
> 3　再雇用後の賃金その他労働条件等については、個別の労働契約により定める。

**解　説**

・定年退職の年齢は、満60歳を下回る年齢で定めることはできません。いつの時点で退職となるのかを明確にします。

　例としては、

① 60歳の誕生日の当日

② 60歳の誕生日の属する賃金計算期間の締切日

③ 60歳の誕生日の属する月の末日

　などの定め方が一般的です。

□改正高年齢者等雇用安定法

・令和3年4月より改正高年齢者等雇用安定法が施行されました。同法では、労働者に対して70歳までの就業機会の確保をするために、事業主に努力義務が設けられました。今回の施行では、努力義務となっていますが、今後の法改正には留意します。

<法的根拠等>

■改正高年齢者等雇用安定法第9条

「定年（65歳未満のものに限る。以下この条において同じ。）の定めをしている事業主は、その雇用する高年齢者の65歳までの安定した雇用を確保するため、次の各号に掲げる措置（以下「高年齢者雇用確保措置」という。）のいずれかを講じなければならない。

①当該定年の引上げ

②継続雇用制度（現に雇用している高年齢者が希望するときは、当該高年齢者をその定年後も引き続いて雇用する制度をいう。以下同じ。）の導入

③当該定年の定めの廃止」

（平25.4.1）

「雇用期間を定め満65歳に達するまで」

⇒これは雇用上限年齢を示す

＊再雇用規程の確認

■継続雇用制度の特例措置（高年齢者等雇用安定法第9条第2項）

継続雇用制度（現に雇用している高年齢者が希望するときは、当該高年齢者をその定年後も引き続いて雇用する制度を言う。）の導入

▷70歳までの就業機会の確保

■改正高年齢者等雇用安定法（令3.4.1施行）

平25.4.1の改正高年齢者雇用安定法により義務化されていた①～③に加えて新たに

注意すべき条文の例示と解説

> 会社が必要と認めた者については、定年退職後、嘱託として再雇用することがある。

の①から⑤までいずれかの導入が努力義務として課された。

・法改正により、平成 18 年 4 月 1 日以降は「会社が特に必要と認めた者」の表現は基準がないことに等しく、改正の趣旨に反するおそれがあります。

## 第 25 条（退　職）

▷退職
■労基法第 89 条（作成及び届出義務）「3．退職に関する事項（解雇の事由を含む）」
〔通達〕就業規則の記載事項
主旨「解雇をめぐる紛争を未然に防止する観点から、就業規則の絶対的必要記載事項である「退職に関する事項」には「解雇の事由」が含まれることを法律上明らかにしたものである」（平 15.10.22 基 発 1022001 号）

> 　従業員が、次の各号のいずれかに該当するに至った場合は退職とし、次の各号に定める事由に応じて、それぞれ定められた日を退職の日とする。
> 
> (1) 本人が死亡したとき……死亡した日
> (2) 定年に達したとき……満 60 歳に達した日
> (3) 休職期間が満了しても休職事由が消滅しないとき ……期間満了の日
> (4) 本人の都合により退職を願い出て会社が承認したとき……会社が承認した日
> (5) 役員に就任したとき……就任日の前日
> (6) 従業員の行方が不明となり、1 か月以上連絡がとれないときで、解雇手続をとらないとき ……1 か月経過した日
> (7) その他、退職につき労使双方合意したとき ……合意により決定した日

・休職期間満了は退職扱いとしておく（⇒規定退職）。解雇扱いの場合は、解雇予告が必要となる。
・有期雇用契約の者もこの就業規則を適用する場合は、契約期間の満了による退職扱いも規定しておく必要がある。

## 解　説

□退職日の設定
・労働契約の解除日である退職日は重要であるため、争いのないよう明記します。

□退職の事由
・労働契約の終了事由は「退職」と「解雇」に分けられます。退職事由には以下のものがあります。退職事由と解雇と

▷合意退職

の違いは①を除き、あらかじめ定められた退職事由（※）に該当した場合に、労使いずれか一方の意思表示を伴わず、自動的に雇用契約終了の効力が発生します。したがって、それぞれの退職事由に対応した退職の日付を、具体的に定めます。

①任意退職（自己都合退職）

②定年

③死亡

④期間満了（有期労働契約の場合）

⑤休職期間が満了しても復職できない場合

・休職期間の満了、定年退職及び死亡のように自動的に退職となる場合を除き、退職に関しては本人の意思表示が必要です。しかし、何の連絡もなく突然出社しなくなったという場合は本人の意思表示がなく、法的に退職は成立しないため「従業員の行方が不明となり、1か月以上連絡がとれない場合」を退職事由に定めておくことにより本人に就労の意思がない（労働契約上の債務不履行）とみなして、退職扱いとすることも考えられます。

□従業員と連絡が取れなくなったとき

・従業員が突然出社しなくなる場合、会社としては2つの観点から対処する必要があります。

①安全配慮義務・・・出社してこない理由がメンタル不調などの精神疾患による場合である可能性も考えられます。その場合、最悪の事態としては、自死等生命に関わる事態もあり得ます。長時間労働・職場のストレスなど勤務上の出来事が精神疾患の要因となっている可能性もあります。会社に責任を求められる可能性もあることから、早期の本人の所在確認が必要です。

②労務管理上の処理・・・解雇又は退職として処理するためにも、家族などへ確認が必要です。行方不明後、家族等に対し出社の意思確認及び本人への出社要請の伝達等を行ったうえで、1か月程度経ってから解雇又は

<法的根拠等>

※〔通達〕退職の事由
退職の事由とは、自己都合退職、勧奨退職、解雇、定年退職等従業員が身分を失った事由を示すこと。（平11.1.29 基発45号、平15.12.26 基発1226002号）

■労働者の安全への配慮
（労契法第5条）
「使用者は、労働契約に伴い、労働者がその生命、身体等の安全を確保しつつ労働することができるよう、必要な配慮をするものとする。」

〔通達〕労働契約法の施行について（平24.8.10 基発0810第2号、平30.12.28 基発1228第17号、その他）

退職とする手続を行います。

□辞職・退職

・辞職（一方的退職）と退職（合意解約）との違いを区別
します。

　①辞職は、従業員からの一方的な解約の意思表示であり、
　解雇に相対する概念です。この場合は民法上の規定が
　適用され、期間の定めのない雇用契約については2週
　間前までに申出ればよいとされています。

　②退職（合意解約）は、両当事者間の合意事項であるた
　め、いつ辞めるか、いつまでに申出させるかは、解約
　内容によると考えられます。このため、1か月以上前
　に申出させることも退職（合意解約）では可能となり、
　この2つを区別することは離職時期に影響し、非常に
　大切なことです。

■期間の定めのない雇用
の解約の申入れ（民法
第627条）

## 第26条（自己都合による退職手続き）

> 　従業員が自己の都合により退職しようとする場合
> は、原則として退職予定日の30日前までに、少なく
> とも14日前までに退職願を提出しなければならない。
> 2　前項の規定により退職願を提出した者は、会社の
> 承認があるまで従前の業務に服さなければならない。
> 3　退職願を提出した者は、退職日までの間に必要な
> 事務の引継ぎを完了しなければならない。

解　説

□期間の定めのない雇用契約

・期間の定めのない雇用契約の場合、従業員本人の都合に
より退職しようとするときは、いつでも退職を申出るこ
とができます。民法では退職申出後2週間以上経過す
れば、労働契約は解除される旨規定されており、会社の
承諾が得られなくても退職することができます（民法第

■期間の定めのない雇用
の解約の申入れ（民法
第627条第1項）
「当事者が雇用の期間を
定めなかったときは、各
当事者は、いつでも解約
の申入れをすることがで
きる。この場合において、
雇用は、解約の申入れの
日から2週間を経過する
ことによって終了する」。

627条第1項）。したがって、退職の申出については、会社の「許可」や「合意」の要件は不要です。

＜参考＞「一身上の都合」による退職理由
　　　　（例：雇用保険被保険者離職証明書の離職理由）

5　労働者の判断によるもの

(1) 職場における事情による離職

　①労働条件に係る問題（賃金低下、賃金遅配、時間外労働、採用条件との相違等）があったと労働者が判断したため

　②事業主又は他の労働者から就業環境が著しく害されるような言動（故意の排斥、嫌がらせ等）を受けたと労働者が判断したため

　③妊娠、出産、育児休業、介護休業等に係る問題（休業等の申出拒否、妊娠、出産、休業等を理由とする不利益取扱い）があったと労働者が判断したため

　④事業所での大規模な人員整理があったことを考慮した離職

　⑤職種転換等に適応することが困難であったため（教育訓練の有・無）

　⑥事業所移転により通勤困難となった(なる)ため
(旧(新)所在地：　　　　　　　　　　　　　)

　⑦その他（理由を具体的に　　　　　　　　　）

(2) 労働者の個人的な事情による離職（一身上の都合、転職希望等）

## 第 27 条（解　雇）

　　従業員が次の各号のいずれかに該当する場合は解雇する。

(1) 心身の不調、又は虚弱、傷病、その他の理由により業務に耐えられない、又は労務提供が不完全であると認められるとき

(2) 協調性がなく、注意及び指導しても改善の見込みがないと認められるとき

(3) 職務の遂行に必要な能力を欠き、かつ (1)、他の職務に転換させることができないとき

(4) 勤務意欲が低く、これに伴い勤務成績、勤務態度その他の業務能率全般が不良で業務に適さないと認められるとき

(5) 正当な理由なく遅刻及び早退、並びに欠勤及び直前休暇要求が多く、労務提供が不完全であると認められるとき

(6) 特定の地位、職種又は一定の能力を条件として雇入れられた者で、その能力及び適格性が欠けると認められるとき

(7) 重大な懲戒事由に該当するとき、又は服務規律に関して重大な違反があったとき

(8) 軽微な懲戒事由に該当する場合であっても、改悛の情が認められず、又は繰り返して改善の見込みがないと認められるとき

(9) 非違行為が繰り返し行われたとき

(10) 会社の従業員としての適格性がないと判断されるとき

(11) 天災事変その他やむを得ない事由により、事業の継続が不可能となり、雇用を維持することができなくなったとき

(12) 事業の縮小その他会社のやむを得ない事由がある場合で、かつ、他の職務に転換させることもできないとき

(13) その他前各号に準ずるやむを得ない事由があるとき

<法的根拠等>

■解雇（労契法第 16 条）
〔通達〕労働契約法の施行について（解雇）
「解雇は、客観的に合理的な理由を欠き、社会通念上相当であると認められない場合は、その権利を濫用したものとして、無効とする。」（平 24.8.10 基発 0810 第 2 号、平 30.12.28 基発 1228 第 17 号、その他）

<判例>日本食塩製造事件（最二小 昭 50.4.25）
「客観的にみて合理的で社会通念上相当な理由が必要で、これを欠く場合は一般的に解雇権の濫用として無効となる。」（民法第 1 条第 2 項（信義則）、第 3 項（権利濫用）、民法第 90 条（公序良俗）

## 解　説

・従来、労基法上、解雇については解雇予告、解雇制限の規定しかなく、「解雇権濫用法理」については、労使当事者間では十分に理解されていないのが現状です。

・解雇理由及び解雇手続きを明らかにすることによる解雇に関するトラブルを防ぐことが重要です。

□解雇

・解雇とは、使用者による労働契約の解約のことです。民法の規定では、期間の定めのない雇用契約（労働契約）は、各当事者が行う解約の申入れは2週間経過すれば効力が発生することになっています。これに従えば使用者が行う解雇予告は2週間前までに行えばよいことになりますが、労基法ではこの点に修正を加え、使用者側が行う解約の申入れ（解雇予告）は、30日前までに行わなければなりません。

□解雇理由

・上記のほかに従業員を解雇するときは、客観的にみて合理的で社会通念上相当な理由が必要で、これを欠く場合は一般的に解雇権の濫用として無効となります（民法第1条第2項（信義則）、第3項（権利濫用）、民法第90条（公序良俗）、日本食塩製造事件＝最二小昭50.4.25）。

□解雇手続

・解雇手続では労基法第20条で、30日前の解雇予告が必要です。さらに、会社の従業員に対する「解雇の意思」が、従業員に到達することが必要です。意思表示の方法には、公示送達もあります。

□解雇の種類

・解雇は、会社から従業員に対し労働契約の解除を行うものであり、解雇理由及び処分内容の程度により、以下のように分類されます。

　（1）整理解雇

　　　整理解雇とは、会社の経営上の必要性から人員整理を

〔通達〕
やむを得ない事由のため事業の継続が不可能となった場合…「やむを得ない事由」とは、天災事変に準ずる程度に不可抗力に基づき、かつ、突発的な事由の意であり、事業の経営者として、社会通念上採るべき必要な措置を以てしても通常如何ともし難いような状況にある場合をいう。（昭63.3.14 基発150号）

■期間の定めのない雇用の解約の申入（民法第627条第1項）

■退職に関する事項（解雇の事由含む。）（労基法第89条第3号）
就業規則の絶対的必要記載事項に「解雇の事由」を含めること。

〔公示送達〕
相手方の所在が不明で意思表示が到達されないような場合、あるいは相手方が死亡し、相続人が誰であるかが分からないような場合に、裁判所に申立てをすることで、法律上、表意者（契約を解除しますなどと意思を表示する人のこと）の意思表示を到達させてしまう制度。

行うことであり、以下のことを踏まえたうえで行います。

①必要性（例：解雇すると同時に人を募集するときなどは注意が必要）

②解雇回避努力（例：配置転換などの検討、早期退職制度導入）

③解雇者の選定基準の合理性（例：恣意的な解雇は禁止）

④協議の適正さ（例：突然の整理解雇は認められない、回避努力などの話し合いのうえで行う）

(2) 諭旨解雇

諭旨解雇とは、本人に対し退職を勧奨し、退職しない場合に行います。退職した場合は、自主退職として取り扱います。

(3) 懲戒解雇

①懲戒解雇は、原則、解雇予告手当が必要です。ただし、

②労働基準監督署長の認定を受けることにより、解雇予告手当は不要となります。

▷労働基準監督署長の認定（「解雇予告除外認定」）

(4) 普通解雇

普通解雇とは、能力の不足又は懲戒処分までには至らないにせよ問題があり、従業員の適格性に欠けると判断される場合に行います。ただし、解雇理由によっては、次の点に注意します。

①本人に対し、適切な指導を行ってきたか

②本人に対し、問題点を理解させ改善するように指導してきたか

③改善するための猶予期間を設けたか

④指導記録などの経緯を記録してきたか

□包括的条項

・解雇事由は、予期できるものをできるだけ多く規定することが望まれますが、予期せぬ解雇事由が発生することもあり得ること、また解雇事由が限定列挙（規定されて

＜判例＞日経新聞社事件（東京地裁昭 45.6.23）「その他前各号に準ずるやむを得ない事由があるとき」という包括的条項について、裁判例で「必ずしも具体的に各号に該当する必要はなく、包括的にみて解雇を相当とするすべての場合を含む」と解されている。

いる解雇事由以外の事由により解雇できないこと）と解釈される可能性もあることから、これらに備える意味でも規定例「(13) その他前各号に準ずるやむを得ない事由があるとき」などの包括的条項を定めておきます。

＜参考＞「解雇等」による退職理由
　　　　（例：雇用保険被保険者離職証明書の離職理由）
4　事業主からの働きかけによるもの
(1) 解雇（重責解雇を除く。）
(2) 重責解雇（労働者の責めに帰すべき重大な理由による解雇）
(3) 希望退職の募集又は退職勧奨
　①事業の縮小又は一部休廃止に伴う人員整理を行うためのもの
　②その他（理由を具体的に　　　　　　　　　　　）

注意すべき条文の例示と解説

　その他、やむを得ぬ理由から解雇の必要が生じたとき。

・解雇の必要とはどのようなときか、解雇基準としては極めてあいまいです。

## 第 28 条（解雇の予告）

> 　従業員を解雇する場合は、30 日前に本人に予告し、又は平均賃金の 30 日分に相当する解雇予告手当を支給して行う。ただし、次の各号に定める者を除く
>
> (1) 2 か月以内の期間を定めて雇用した者
>
> (2) 試用期間中の者であって採用の日から 14 日以内の者
>
> 2　会社は、次の事由により所轄労働基準監督署長の認定を受けた場合は、前項の前段の規定は適用しない。
>
> (1) 天災事変その他やむを得ない事由のため、事業の継続が不可能となったとき
>
> (2) 本人の責に帰すべき事由によって解雇するとき
>
> 3　第 1 項本文の予告日数については、予告手当を支払った日数だけ短縮することができる。

## 解　説

□解雇予告

・「解雇予告手当を支払わなければ即時解雇そのものが成立しないため、その支払いは解雇の申渡しと同時に行わなければならない。ただし、解雇予告と解雇予告手当を併用するときは、実際の解雇日までに支払えば足りる。」（昭 23.3.17 基発 464 号）

・民法の規定では、期間の定めのない雇用契約（労働契約）では、各当事者が行う解約の申入れは 2 週間経過すれば効力が発生することになっています。これに従えば、使用者が行う解雇予告は 2 週間前までに行えばよいことになりますが、労基法ではこの点に修正を加え、使用者側が行う解約の申入れ（解雇予告）は、30 日前までに行わなければならないことになります。

・民法の一般原則により「予告日」と「解雇効力発生日（解雇の日）」との間に 30 日の期間をおく必要があり、この 30 日は労働日ではなく暦日となります。

<法的根拠等>

■労基法第 20 条（解雇の予告）

〔通達〕「30 日以上前の予告と予告期限到来後の解雇」（昭 24.6.18 基発 1926 号）

〔通達〕「予告期間及び予告手当の支払いの無い解雇」（昭 24.5.13 基収 1483 号）

〔通達〕「予告手当の支払期間」（昭 23.3.17 基発 464 号）

〔通達〕「予告手当の支払い方法」（昭 23.8.18 基収 2520 号）（昭 63.3.14 基発 150 号）

〔通達〕「試の使用期間中の解雇」（昭 24.5.14 基収 1498 号）

〔通達〕「認定の性格及び処理方針」（昭 63.3.14 基発 150 号）

<判例>細谷服装事件（解雇予告）（最二小昭 35.3.11）
「解雇予告を設けず、予告手当の支払いをせずになした解雇の意思表示は 30 日の期間を経過を待って効果を生じる」

■期間の計算（民法第 140 条）
〔「日」「週」「月」「年」で定められた期間の起算点〕
日、週、月または年で期間が定められている場合は、期間の初日は数えず翌日を起算日（第 1 日）とする（原則）。

□予告手当

・「解雇予告手当の性質上、時効の問題は生じず他の債務との相殺の問題も生じない（あくまでも支払わなければ解雇が成立しない）。なお、事後速やかに精算されるのであれば概算払いは認められている。」（昭 27.5.17 基収 1906 号、昭 24.1.8 基収 54 号、昭 24.7.2 基収 2089 号）

・解雇の予告と同時に従業員に休業を命じ、予告期間中は労基法第 26 条に規定する休業手当を支給し、予告期間満了とともに解雇しようとする場合は、30 日前に予告がなされている限り、その労働契約は予告期間の満了によって終了します。

□認定

| 所轄労働基準監督署長の認定 | 天災事変その他やむを得ない事由のために事業の存続が不可能となった場合 |
| --- | --- |
| | 従業員の責に帰すべき事由に基づいて解雇する場合 |

□予告日数の短縮と予告手当

・「30 日前に予告をしない使用者は、30 日分以上の平均賃金を支払わなければならない（予告手当　労基法第 20 条 1 項）。この予告日を 1 日について平均賃金を支払った場合は、その日数を短縮できる（同条第 2 項）。」

■労基法第 19 条（解雇制限）
「…天災事変その他やむを得ない事由のために事業の継続が不可能となった場合…
２．前項但書後段の場合においては、その事由について行政官庁の認定を受けなければならない。」

〔通達〕やむを得ない事由
「事業の継続が不可能になる」（昭 63.3.14 基発 150 号）

■労基則第 7 条（認定の形式）

69

〔通達〕従業員（労働者）
の責に帰すべき事由（昭
23.11.11 基 発 1637 号、
昭 31.3.1 基発 111 号）

## □労基法第 20 条（解雇の予告）の解雇予告除外事由
【労働者の責に帰すべき事由】

「労働者の責に帰すべき事由」とは、労働者の故意、過
　失又はこれと同視すべき事由であるが、「判定に当たっ
　ては、労働者の地位、職責、継続勤務年限、勤務状況
　等を考慮の上、総合的に判断すべきであり、「労働者
　の責に帰すべき事由」が法第 20 条の保護を与える必
　要のない程度に重大又は悪質なものであり、従って使
　用者をしてかかる労働者に 30 日前に解雇の予告をな
　さしめることが当該事由と比較して均衡を失するよう
　なものに限って認定すべきものである。」

「労働者の責に帰すべき事由」として認定すべき事例を
　挙げれば、

(1) 原則として極めて軽微なものを除き、事業場内にお
　ける盗取、横領、傷害等刑法犯に該当する行為のあっ
　た場合、また一般的にみて「極めて軽微」な事案であっ
　ても、使用者があらかじめ不祥事件の防止について諸
　種の手段を講じていたことが客観的に認められ、しか
　もなお労働者が継続的に又は断続的に盗取、横領、傷
　害等の刑法犯又はこれに類する行為を行った場合、あ
　るいは事業場外で行われた盗取、横領、傷害等刑法犯
　に該当する行為であっても、それが著しく当該事業場
　の名誉若しくは信用を失ついするもの、取引関係に悪
　影響を与えるもの又は労使間の信頼関係を喪失せしめ
　るものと認められる場合。

(2) 賭博、風紀紊乱等により職場規律を乱し、他の労働
　者に悪影響を及ぼす場合。また、これらの行為が事業
　場外で行われた場合であっても、それが著しく当該事
　業場の名誉若しくは信用を失ついするもの、取引関係
　に悪影響を与えるもの又は労使間の信頼関係を喪失せ
　しめるものと認められる場合。

(3) 雇入れの際の採用条件の要素となるような経歴を詐
称した場合及び雇入れの際、使用者の行う調査に対し、
不採用の原因となるような経歴を詐称した場合。

(4) 他の事業場へ転職した場合。

(5) 原則として2週間以上正当な理由なく無断欠勤し、
出勤の督促に応じない場合。

(6) 出勤不良又は出欠常ならず、数回に亘って注意をう
けても改めない場合。

の如くであるが、認定にあたっては、必ずしも上の個々
の例示に拘泥することなく総合的かつ実質的に判断す
ること。

なお、就業規則等に規定されている懲戒解雇事由につい
てもこれに拘束されることはないこと。（昭 23.11.11 基
発 1637 号、昭 31.3.1 基発 111 号）

## 第 29 条（解雇の制限）

　　　従業員が、次の各号に該当するときは、それぞれ
各号に定める期間中は、解雇しない。
(1) 業務上の傷病による療養のために休業する期間及
びその後 30 日間
(2) 産前産後の女性従業員が休業する期間及びその後
30 日間
2　前項の規定にかかわらず、次の各号に該当した場
合は、解雇することができる。
(1) 天災事変その他やむを得ない事由のため、事業の
継続が不可能となった場合で、労働基準監督署長
の認定を受けたとき
(2) 打切補償を支払ったとき

■解雇制限（労基法第 19 条）

■解雇（労契法第 16 条）

■業務上の負傷疾病休業（労基法第 76 条）
■産前産後休業（労基法第 65 条）

■行政官庁の認定（労基則第 7 条）

■打切補償（労基法第 81 条）

71

## 解　説

□解雇制限

・「法第 20 条の規定は使用者側より解雇を制限するもので
あって、労働者側よりする退職については就業規則その
他に別段の定めのない場合には民法の原則による。」（昭
23.3.31 基発 513 号）

■民法の原則
（民法第 627 条、第 628 条）

□労働契約期間の満了と解雇制限

・一定の期間又は一定の事業の完了に必要な期間までを契
約期間とする労働契約を締結していた従業員の労働契約
は、他に契約期間満了後引き続き雇用関係が更新されたと
認められる事実がない限り、その期間満了とともに終了
します。

〔通達〕労働契約期間
の満了と解雇制限（昭
23.1.16 基 発 56 号、 昭
24.12.6 基収 3908 号、昭
63.3.14 基発 150 号）

　したがって、「業務上負傷し又は疾病にかかり療養のた
め休業する期間中の者の労働契約もその期間満了ととも
に労働契約は終了するものであって、法第 19 条第 1 項
の適用はない。」（昭 23.1.16 基発 56 号、昭 24.12.6 基収
3908 号、昭 63.3.14 基発 150 号）

□よくある規定例

・以下は、労基法第 19 条（解雇制限）の条文を、そのま
ま規定したよくある例です。

　　社員が次の各号に該当するときは、それぞれ各号
に定める期間中は解雇しない。ただし、天災事変そ
の他やむを得ない事由のため、事業の継続が不可能
となった場合、又は打切補償を行った場合には、こ
の限りでない。
　(1) 業務上の傷病による‥‥
　(2) 産前産後の女性‥‥
　2　前項ただし書前段の場合に、その事由について行
　政官庁の認定を受けるものとする。

3　社員が、療養の開始後3年を経過した日において労働者災害補償保険法に基づく傷病補償年金(以下「傷病補償年金」という)を受けているときは、当該3年を経過した日、又は療養の開始後3年を経過した日において傷病補償年金を受けることとなった場合は当該傷病補償年金を受けることとなった日において、それぞれ前項本文の打切補償を行ったものとみなす。

本書の「第29条(解雇の制限)」は、よくある規定文の配列を変更し、より分かりやすく簡単に定めています。

## 第30条（退職及び解雇時の手続）

従業員が退職し又は解雇された場合は、会社から貸与された物品、健康保険証、会社所有の文書、入館カード、USBメモリー等の記録媒体その他会社に属するものを直ちに返還し、又は破棄しなければならない。

2　従業員は、会社に債務があるときは、退職又は解雇の日までに精算しなければならない。また、返還のないものについては、相当額を弁済しなければならない。

3　会社は、従業員が退職し又は解雇されたときは、退職又は解雇の日から1か月以内の賃金支払日に賃金を支払い、その他必要な手続を行う。また、従業員の権利に属する金品について返還する。

4　退職し又は解雇された従業員が、解雇理由証明書、退職証明書等の交付を請求したときは、会社は遅滞なくこれを交付する。

■金品の返還（労基法第23条）
権利者（従業員）の請求前提

▷解雇理由証明書
▷退職証明書

### 解　説

□退職等に伴う従業員の手続
・会社から貸与された物品、その他の返還及び会社に債務があるときの清算について定めたものです。

〔通達〕使用者の交付義務 ①、②、③（平11.3.31基発169号）

□会社の手続

・7日以内に賃金を清算しなければならないとする労基法第23条の「金品の返還」の規定は、権利者（従業員）の請求が前提です。

□書面の交付

・従業員が解雇による「解雇理由証明書」等の請求を行った場合は、会社は遅滞なく交付しなければならず、拒否することはできません。

■退職時等の証明（労基法第22条）

## 第31条（退職後の守秘義務）

> 　　従業員は、退職し又は解雇された後であっても、その在職中に知り得た業務上の機密事項を他に漏らしてはならない。
>
> 2　従業員は、離職後の守秘義務に対して責任を負うとともに、これに違反し会社が損害を受けたときには、その損害を賠償しなければならない。
>
> 3　会社は、定年退職、自己都合退職、解雇の区別を問わず、必要に応じて、退職者に機密保持に関する誓約書の提出を求めることがある。提出を求められた退職者は、会社が指定した日までに誓約書を会社に提出しなければならない。

■営業秘密（損害賠償）（不正競争防止法第4条）

▷信義則上の秘密保持義務

▷秘密保持誓約書

▷営業秘密管理規程

### 解　説

・機密（秘密）事項が、不正競争防止法で規定する「営業秘密」に該当し、「不正の競争その他の不正の利益を得る目的で、又はその保持者に損害を加える目的で」当該営業秘密を使用したことが立証されれば、不正競争防止法（第2条第1項第7号）に該当することになり、損害賠償等の請求が可能となります。この不正競争防止法の規定は、在職中はもとより、退職後の行為も規制しています。

・退職の場合に、退職にかかる誓約書（競業避止、守秘義務、

■営業秘密（不正競争防止法第2条）

■不正競争防止法第2条第1項第7号
「営業秘密を保有する事業者（以下「営業秘密保有者」という。）からその営業秘密を示された場合において、不正の利益を得る目的で、又はその営業秘密保有者に損害を加える目的で、その営業秘密を使用し、又は開示する行為」

退職後に判明した損害に対する賠償義務）の提出を義務
づけたものです。

◆用字用語の使い方◆
＜第2章　人事　第4節　定年、退職、解雇＞

---

(1) 第27条「かつ」
　「かつ」は、「及び」や「並びに」のように厳密な使われ方はされていないものの、一般的には、「その上に」「加えて」というような意味で、「かつ」により並列される用語が密接なものであって、両方の語を一体として用いることが必要であることを強調する場合に多く使用されます。また、「及び」や「並びに」とは異なり、3つ以上の単語や文章を「、」と「かつ」を組み合わせて使われることはありません。

# 第3章　勤　務

## 第1節　勤務時間・休憩・休日

### 第32条（勤務時間及び休憩時間）

> 　　会社の所定労働時間は、1週間は40時間、1日は8時間とし、始業、終業時刻及び休憩の時間は、次のとおりとする。
> 　始業時刻　9時00分
> 　終業時刻　18時00分
> 　休憩時間　12時00分から13時00分まで
> 2　従業員は、休憩時間を自由に利用することができる。ただし、外出する場合は、上司に届け出なければならない。また、自由に利用できるといえども、服務規律に反する行為など職場秩序及び風紀を乱す行為並びに施設管理を妨げる行為はしてはならない。

### 解　説

□ガイドラインの趣旨（※）
・労基法には労働時間、休日、深夜業等について規定を設けていることから、会社は労働時間を適正に把握するなど労働時間を適切に管理する責務を有しています。
本ガイドラインでは、労働時間の適正な把握のために使用者が講ずべき措置を具体的に定めています。
□ガイドライン適用の範囲
・本ガイドラインの対象事業場は、労基法のうち労働時間にかかる規定が適用されるすべての事業場です。
・会社が労働時間の適正な把握を行うべき対象従業員は、以下の者を除くすべての従業員です。
(1) 労基法第41条に定める者
①監督又は管理の地位にある者（労基法第41条第2号）

<法的根拠等>

■労働時間（労基法第32条）
「1週40時間、1日8時間」
■休憩（労基法第34条）
・6時間超…45分
・8時間超…1時間

〔通達〕1週間の法定労働時間と1日の法定労働時間（昭63.1.1基発1号）
・1週間
（原則）日曜日から土曜日までの暦週
・1日
午前0時から午後12時までの暦日

〔通達〕始業・終業時刻等が勤務態様等により異なる場合
「一　同一事業場において、労働者の勤務態様、職種等によって始業及び終業の時刻が異なる場合は、就業規則に勤務態様、職種等の別ごとに始業及び終業の時刻を規定しなければならない。」（昭63.3.14基発150号、平11.3.31基発168号）

※〔通達〕「労働時間の適正な把握のために使用者が講ずべき措置に関するガイドライン」

〔通達〕労働時間の適正な把握のために使用者が講ずべき措置に関するガイドラインについて（平29.1.20基発0120第3号）

②機密の事務を取り扱う者（同上）

③監視又は断続的労働に従事する者（行政官庁の許可）

（同条第3号）

(2) みなし労働時間制が適用される者

①事業場労働を行う者（みなし労働時間制が適用される

者に限る）（労基法第38条の2）

②専門業務型裁量労働制対象者（同法第38条の3）

③企画業務型裁量労働制の対象者（同法第38条の4）

・ガイドラインが適用されない従業員についても「健康確
保を図る必要があることから、会社は適正な労働時間管
理を行う責務がある」と定められています。

□労働時間の考え方

・労働時間とは、会社の指揮命令下に置かれている時間の
ことをいい、会社の明示又は黙示の指示により、従業員
が業務に従事する時間は労働時間に当たります。

・労基法にいう労働時間とは、勤務時間、就業時間ともいい、
休憩時間を除く実労働時間をいいます。

□労働時間の記録

・労働時間の適正な把握のために会社が講ずべき措置は、
以下のとおりです。

(1) 始業・終業時刻の確認及び記録

(2) 始業・終業時刻の確認及び記録の原則的な方法

(3) 自己申告制により始業・終業時刻の確認及び記録を
行う場合の措置

□休憩時間

・「休憩時間とは、単に作業に従事しない手待時間を含まず、
従業員が権利として労働から離れることを保障されてい
る時間の意であって、その他の拘束時間は労働時間とし
て取扱うこと」とされています。（昭22.9.13発基17号）

□休憩時間の利用

・「休憩時間の利用について、事業場の規律保持上必要な
制限を加えることは、休憩の目的を害わない限り差支え

〔通達〕労働時間の適正
な把握のために使用者が
講ずべき措置に関するガ
イドラインについて
「(2)〜略〜労働時間と
は、使用者の指揮命令下
にある時間のことをい
い、使用者の明示又は黙
示の指示により労働者が
業務に従事する時間に当
たること。〜略〜」
（平29.1.20基発0120第
3号）

〔通達〕休憩時間の意義
（昭22.9.13発基17号）

ない」とされています。（昭 22.9.13 発基 17 号）

・休憩時間については、本人の自由にさせることが前提で
　すが、裁量労働制の場合、時間が各人ごとに異なるため、
　他の従業員の業務に悪影響を与えないよう（業務中の従
　業員と雑談を始めるなど）注意が必要です。

□一斉休憩付与の例外（休憩時間の適用除外）

　(1) 運輸交通業　（労基法別表第 1 第第 4 号）

　(2) 商　　　　業（　　　同上　　第 8 号）

　(3) 金融・広告業（　　　同上　　　第 9 号）

　(4) 映画・演劇業（　　　同上　　　第 10 号）

　(5) 通　信　業（　　　同上　　　第 11 号）

　(6) 保健衛生業（　　　同上　　　第 13 号）

　(7) 接客娯楽業（　　　同上　　　第 14 号）

　　　　　　　　　　　　　　　 ―〈労基則第 31 条〉―

※「休憩時間」の規定例

　　「11 時 30 分から 13 時 30 分までの時間帯で 1 時間」
　と定める例があります。

## 第 33 条（始業及び終業の時刻等の変更）

> 　会社は、次の各号に該当する場合、全部又は一部の
> 従業員について所定の始業及び終業の時刻を繰上げ又
> は繰下げることがある。
> (1) 業務上臨時の必要があるとき
> (2) 天災事変その他やむを得ない事情があるとき
> 　　ただし、前各号に該当する場合も 1 日の所定労
> 　働時間を超えない範囲とする。

解　説

□時刻の変更

・始業、終業時刻等を変更した場合に、その日の労働時間
　が通算して 1 日 8 時間又は週の法定労働時間以内の場合

---

■一斉休憩の特例の協定
　（労基則第 15 条）

〔通達〕労使協定の締結
　（平 11.1.29 基発 45 号）

■労働時間及び休憩の特
　例（労基法第 40 条）

■休憩時間の適用除外（労
　基則第 31 条）

■時間外・休日及び深夜
　の割増賃金（労基法第
　37 条）

には、割増賃金の支払いは必要ありません。例えば、1時間遅刻してきた従業員が、終業時刻後に1時間労働したとしても残業時間とならない扱いになります。

□時差出勤

・1日の労働時間を変えずに始業時刻と終業時刻を変更する働き方です。具体的には、始業時刻及び終業時刻の繰上げ又は繰下げ等の労働時間の変更条項を就業規則に定めます。早出した時間分と同じ時間繰り上げて早帰りすれば、実働8時間以内であれば割増手当は発生しません。

## 第34条（実労働時間）

> 実労働時間とは、会社の指揮命令に基づき実作業を行った時間のことをいう。また始業時刻とは、会社の指揮命令に基づく実作業の開始時刻のことであり、終業時刻とは、会社の指揮命令に基づく実作業の終了時刻をいう。

解 説

・実労働時間とは、会社（上司）の指揮監督下に労働力を提供した時間をいいます。

・「労基法上の労働時間とは、労働者が使用者の指揮命令下に置かれている時間をいう。」（三菱重工業長崎造船所事件＝最一小平12.3.9）

□労働時間の考え方について〔通達〕

「労働時間とは、使用者の指揮命令下にある時間のことをいい、使用者の明示の指示により労働者が業務に従事する時間は労働時間に当たる。」

「なお、労働時間に該当するか否かは、労働契約、就業規則、労働協約等の定めのいかんによらず、労働者の行為が使用者の指揮命令下に置かれたものと評価することができるか否かにより客観的に定まるものであること。」（平29.1.20基発0120第3号）

# 第35条（1か月単位の変形労働時間制）

> 　　会社は、毎月1日を起算日とする1か月単位の変形労働時間制とし、1か月平均して1週40時間以内の範囲で所定労働日、所定労働日ごとの始業及び終業の時刻を定める。
>
> 2　前項の規定による所定労働日、所定労働日との始業及び終業の時刻（この規則第32条）による。

## 解　説

□1か月単位の変形労働時間制

・就業規則その他により変形期間における各日、各週の労働時間を具体的に定めることを要し、変形期間を平均して週40時間の範囲内であっても会社が業務の都合によって任意に労働時間を変更するような制度は、これに該当しません。

□労働時間の特定

・「労基法第89条は、就業規則で始業及び終業の時刻を定めることを規定しているので、就業規則においては、各日の労働時間の長さだけでなく、始業及び終業の時刻も定めが必要であること。」（昭63.1.1基発1号、平9.3.25基発195号、平11.3.31基発168号）

# 第36条（フレックスタイム制）

> 　　会社が必要と認めた場合には、労使協定を締結し、毎月1日を起算日とするフレックスタイム制を実施することができる。この場合、始業及び終業時刻並びに休憩時間は、次項に定める範囲で従業員の決定に委ねる。

2　始業及び終業の時刻を従業員の決定に委ねる時間
帯（以下「フレキシブルタイム」という。）並びに勤
務しなければならない時間帯（以下「コアタイム」と
いう。）は、次のとおりとする。

| フレキシブルタイム | コアタイム |
|---|---|
| 始業　午前8時00分から<br>　　　午前10時00分まで | 午前10時00分から<br>午後3時00分まで |
| 終業　午後3時00分から<br>　　　午後7時00分まで | |

3　フレックスタイム実施期間内であっても、緊急性
若しくは業務上の必要性の高い会議、出張、打合せ、
又は他部署又は他社との連携業務がある場合には、会
社は出社、出張等を命ずることができる。

4　対象となる従業員の範囲、清算期間、清算期間に
おける総労働時間、標準となる1日の労働時間、その
他の事項については労使協定で定める。

## 解　説

□フレックスタイム制

・フレックスタイム制は、就業規則及び労使協定等により
労働者の決定にゆだねる旨を定めなければなりません。

・「フレックスタイム制を採用する場合には、就業規則そ
の他これに準ずるものにより、始業及び終業の時刻を労
働者の決定にゆだねる旨を定める必要があること。その
場合、始業及び終業の時刻の両方を労働者の決定にゆだ
ねる必要があり、始業時刻又は終業時刻の一方について
のみ労働者の決定にゆだねるのでは足りないものである
こと。（略）また、コアタイム、フレキシブルタイムも
始業及び終業の時刻に関する事項であるので、それらを
設ける場合には、就業規則においても規定すべきもので
あること。（略）」

　　　　　（昭63.1.1基発第1号、平11.3.31基発168号）

〔通達〕就業規則の定め
（昭63.1.1基発1号、平
11.3.31基発168号）

・コアタイム
労働者が労働しなければ
ならない時間帯
・フレキシブルタイム
労働者がその選択により
労働することができる時
間帯

□コアタイムを設定しない場合の規定例

> 労使協定により、毎月1日を起算日とするフレックスタイム制を実施することがある。この場合にあっては、始業及び終業時刻は各社員の決定に委ねる。
> 2　対象者の範囲、清算期間、清算期間における総労働時間、標準となる1日の労働時間、その他の事項については労使協定で定める。
> 3　フレックスタイム制実施期間中であっても、緊急性又は業務上の必要性の高い会議、出張、打合せ又は他部署若しくは他社との連携業務がある場合には、出社、出張等を命ずることがある。

□労使協定の協定事項〔通達より一部抜粋〕

①対象となる労働者の範囲

②清算期間

　フレックスタイム制において、労働契約上労働者が労働すべき期間を定めるものであり、3か月以内の期間に限るものであること

③清算期間における総労働時間

④基準となる1日の労働時間

⑤労働者が労働しなければならない時間帯を定める場合には、その時間帯の開始及び終了の時刻

⑥労働者がその選択により労働することができる時間帯に制限を設ける場合には、その時間帯の開始及び終了の時刻

※清算期間が1か月を超える場合には、所轄の労働基準監督署長に届出る必要があります。

□労働時間の把握

・「フレックスタイム制の場合にも、使用者に労働時間の把握義務がある。したがって、フレックスタイム制を採用する事業場においても、労働者の各日の労働時間の把握は行うべきものである。」（昭63.3.14基発150号）

■変形労働時間制・変形休日制の起算日（労基則第12条の2）

■フレックスタイム制の労働協定で定める基準（労基則第12条の3）

〔通達〕労使協定の協定事項（昭63.1.1基発1号、平9.3.25基発195号、平31.4.1基発0401第43号）

〔通達〕フレックスタイム制における労働時間の把握（昭63.3.14基発150号）

〔通達〕法定時間外労働となる時間（平30.9.7基発0907第1号）

〔通達〕時間外・休日労働協定及び割増賃金との関係（平30.12.28基発1228第15号）

〔通達〕月60時間の時間外労働に対する割増賃金率の適用（平30.12.28基発1228第15号）

〔通達〕完全週休二日制の場合の清算期間における労働時間の限度（平30.9.7基発0907第1号）

〔通達〕法定時間外労働となる時間（平30.9.7基発0907第1号）

〔通達〕労働時間の過不足の繰越（平63.1.1基発1号、平31.4.1基発0401第43号）

□清算期間 3 か月の場合の留意点

・清算期間を「1 か月を超えて 3 か月以内」で定める場合には、以下のことに留意します。

  (1) 清算期間における総労働時間が法定労働時間の総枠を超えないこと（＝清算期間全体の労働時間が、週平均 40 時間を超えない）

  (2) 1 か月ごとの労働時間が、週平均 50 時間を超えないこと

## 第 37 条（1 年単位の変形労働時間制）

> 　会社は、労使協定により毎年 4 月 1 日を起算日とする 1 年単位の変形労働時間とし、対象期間を平均して 1 週 40 時間以内の範囲で所定労働日、所定労働日ごとの始業及び終業の時刻を定める。

### 解　説

□労働時間の特定①

・「1 年単位の変形労働時間制を採用する場合には、労使協定により変形期間における労働日及び当該労働日ごとの労働時間を具体的に定めることを要し、使用者が業務の都合によって任意に労働時間を変更するような制度は、これに該当しないものである。」（平 6.1.4 基発 1 号、平 11.3.31 基発 168 号）

□労働時間の特定②

・「1 年単位の変形労働時間制を採用する場合にも、就業規則において対象期間における各日の始業及び終業の時刻並びに休日も定める必要がある。ただし 1 か月以上の期間ごとに区分を設けて労働日及び労働日ごとの労働時間を特定することとしている場合においては、勤務の種類ごとの始業・就業時刻及び休日並びに当該勤務の組み合わせについての考え方、勤務割表の作成手続き及びその

<法的根拠等>
〔通達〕清算期間の上限の延長（平 30.9.7 基発 0907 第 1 号）

〔通達〕時間外・休日労働協定における協定事項（平 30.12.28 基発 1228 第 15 号）

■ 1 年単位の変形労働時間制（労基法第 32 条の 4）

■変形労働時間制の起算日（労基則第 12 条の 2）

■ 1 年単位の変形労働時間制における労働時間の限度等（労基則第 12 条の 4）

〔通達〕労使協定の届出①（平 11.1.29 基発 45 号）

〔通達〕労使協定の届出②（平 6.1.4 基発 1 号、平 11.3.31 基発 168 号）

▷労使協定の協定事項
①対象労働者の範囲
②対象期間及び起算日
③特定期間
④労働日及び労働日ごとの労働時間
⑤労使協定の有効期間

周知方法等を定め、これにしたがって各日ごとの勤務割は、最初の期間におけるものは当該期間の開始までに、最初の期間以外の各期間におけるものは当該各期間の初日の 30 日前までに、それぞれ具体的に定めることで足りる。」（平 11.1.29 基発 45 号）

□特定された日又は週

・「就業規則等によってあらかじめ 8 時間を超えて労働させることが定められている日又は 1 週間の法定労働時間を超えて労働させることが具体的に定められている週の意味である。」（昭 23.7.15 基発 1690 号）

□対象期間を定める場合の留意点

・変形労働時間制の対象期間は、その期間を通して 1 週間当たり労働時間が 40 時間を超えない範囲内で労働させる期間をいい、1 か月を超え 1 年以内の期間に限ります。最長期間が 1 年間なので、3 か月、4 か月、6 か月などの対象期間を採用することもできます。

□対象期間を 3 か月とする場合の効果

・業務の繁閑の状況にもよりますが、3 か月の変形労働時間制で、1 年を 4 区分に分けることも可能です。

## 第 38 条（遅刻等の適用）

> 遅刻、欠勤、早退等により所定労働時間の全部又は一部を休業した場合は、その休業した時間に対応する賃金は、支給しない。

解　説

□遅刻等の適用

・従業員が労務を提供し、労務という債務を履行した場合に、会社は賃金を支給します。そのため、遅刻・早退などの労務提供のなかった時間に相当する時間は、従業員の債務不履行となります。しかし、債務の不履行に対し

〔通達〕特定された日又は週（昭 23.7.15 基発 1690 号）

▷その他留意事項
・1 年単位の変形労働時間制を採用した場合における休日振替（平 6.5.31 基発 330 号、平成 9.3.28 基発 210 号、平 11.3.31 基発 168 号）
・変形期間における所定労働時間の総枠（平 6.1.4 基発 1 号）
・時間外労働となる時間（平 6.1.4 基発 1 号、平 9.3.25 基発 195 号）
・法定労働時間の総枠を超える割増賃金（平 6.5.31 基発 330 号、平 9.3.25 基発 195 号）
・「変形期間」と「変形労働時間制による期間」（昭 63.3.14 基発 150 号、平 6.3.31 基発 181 号）

▷賃金規程

〔通達〕遅刻・早退の賃金控除
（昭 26.2.10 基収 4214 号）
「労基法第 91 条　制裁規定の制限」

〔通達〕遅刻・早退の場合の賃金カット（昭 63.3.14 基発 150 号）

て賃金カットを行うためには、就業規則への定めが必要です。

□遅刻・早退のときの賃金カット

・「遅刻・早退などに対して労務提供のなかった時間に相当する賃金カットを行うことが望ましく就業規則又は賃金規程に定めておく必要がある。また、事前に所属長の承認を得ている遅刻・早退などの場合についても、職場の規律違反として懲戒処分はしないとしても、承認を与えたからといって、労務提供という債務の不履行をしていることに変わりないので、それに相当する賃金をカットすることはできる。」（「改訂　変革期の就業規則」）

&lt;法的根拠等&gt;

〔同上〕
「遅刻・早退の時間に対する賃金額を超える減給は制裁とみなされ、法第91条に定める減給の制裁に関する規定の適用を受ける。」

## 第39条（事業場外の労働）

> 　従業員が、労働時間の全部又は一部について事業場外で業務に従事した場合で、労働時間を算定し難いときは、第32条（勤務時間及び休憩時間）に定める所定労働時間労働したものとみなす。
> 2　前項の場合に、当該業務を遂行するため通常所定労働時間を超えて労働することが必要となる場合は、労使協定で定めた時間労働したものとみなす。

■事業場外労働みなし（労基法第38条の2）

〔通達〕一部事業場内労働の場合の算定（昭63.3.14基発150号）

▷労使協定

### 解　説

□みなし労働時間制の対象

・「事業場外の労働に関するみなし労働時間制の対象となるのは、事業場外で業務に従事し、かつ、会社の具体的な指揮監督が及ばず労働時間を算定することが困難な業務であることが必要である。また、みなし労働時間制に関する規定が適用される場合であっても、休憩、深夜業、休日に関する規定の適用は排除されない。」（昭63.1.1基発1号）

■業務場外労働の時間計算（労基則第24条の2）
「法第38条の2第1項の規定は、法第4章の労働時間に関する規定の適用に係る労働時間の算定について適用する。」

〔通達〕事業場外労働の範囲（昭63.1.1基発1号）

〔通達〕みなし労働時間制の適用範囲（昭63.1.1基発1号）

<法的根拠等>

□事業場外の労働中の職務専念義務

・事業場外労働制の趣旨は、会社が労働時間の算定が困難であるため、労働時間算定義務を免除する点にあります。職務内容については従業員本人の裁量に委ねますが、職務とかけ離れた行為行動を認めるものではありません。従業員は、職務に専念する義務があり、違反すれば服務規律違反となります。

□事業場外労働中の服務規律違反

・仮に事業場外で労働中に、仕事に専念せず、映画を観ていたこと等が発覚した場合は、職務専念義務に違反していることになります。なお、事業場外労働中に医師の診療を受ける等も職務専念義務に違反していることになるため、私傷病により職務から離れる際には、事前に上長に報告するなどのルールをあらかじめ定めます。

□服務規律違反と懲戒処分の関係

・服務規律に違反している状況が続く場合には、懲戒処分を科すこともあります。労働時間の算定義務の免除となる事業場外労働をした者が職務専念義務に違反したときに使用者が懲戒処分権を行使することとは全く異なるため、服務規律違反に対する懲戒処分権の行使は制限されず、懲戒処分の対象となります。

## 第40条（出　張）

従業員が出張その他会社の用務で労働時間の全部又は一部を事業場外で業務に従事する場合で、労働時間を算定しがたいときは、所定労働時間労働したものとみなす。ただし、上長があらかじめ別段の指示をしたときは、その指示された時間を算定する。

▷出張旅費規程
（旅費交通費、日当等の精算）

▷出張者
・出張のみなし労働
・「みなし労働時間制の適用範囲」（昭63.1.1基発1号）

〔通達〕事業場外労働の範囲（昭63.1.1基発1号）

### 解　説

□事業場外の労働と出張時の労働時間

・出張時の労働が、事業場外の労働となるかは、その出張時間、労働時間が算定できるかどうかで判断します。

・「出張時の労働時間について、労働時間の算定が難しい場合には、所定労働時間労働したものとみなされる（みなし時間）。」（「改訂　変革期の就業規則」（P93））

・労働時間の算定ができる働き方を出張先で行っている場合には、事業場外の労働（みなし労働時間）を適用することはできません。

□労働時間と移動時間

・原則として、出張時、自宅から出張先に直行し、出張先から自宅へ帰宅するような場合についての移動時間は、使用者の指揮命令下にないときは労働時間とはなりません。

・「移動時間については、労働の拘束性の程度が低く、実労働時間として把握することは難しい。また、日常の移動時間と同一性質と考えられることもあり、その長さに関わらず、労働時間ということはできない。」（「改訂　変革期の就業規則」P93）

・しかし、移動中にパソコンで書類を作成、メールの返信をする等の労働を会社が命じている場合は、移動時間も労働時間となります。

# 第41条（休　日）

> 　　従業員の休日は以下のとおりとする。
> (1) 日曜日
> (2) 土曜日
> (3) 国民の祝日及びこれに準ずる日
> (4) 夏季休日
> (5) 年末年始
> (6) その他会社が定める日

## 解　説

□休日と休暇
・就業規則で定める「休日」とは就業規則、労働契約で定められた労働の義務のない日のことです。また、「休暇」とは労働の義務のある日に労働を免除する日のことであり、当然にその扱いは異なります。

□法定休日と所定休日
・労基法で「休日」は、「原則として、毎週少なくとも1回、例外として4週に4日以上与えなければならない。」と定めています。この休日を「法定休日」といいます。これ以外の、例えば週休2日制の場合の土曜日等を所定休日（法定外休日）等といいます。

・「法定休日」と「所定休日」では、その与え方が異なります。法的な規制を受けて与えなければならない休日が「法定休日」であり、会社が定めるのは「所定休日」となります。

・なお、「法定休日」に休日出勤させる場合は36協定の締結が必要であり、3割5分増以上の割増賃金を支払わなければなりません。

<法的根拠等>
■休日（労基法第35条）

■変形労働時間制・変形休日制の起算日（労基則第12条の2第2項）
「4週4日の休日の規定により労働者に休日を与える場合には、就業規則等において、4日以上の休日を与えることとする4週間の起算日を明らかにする。」

〔通達〕暦日休日の原則（昭23.4.5 基発535号）

〔通達〕休日の特定（昭23.5.5 基発682号、昭63.3.14 基発150号）
「法第35条は必ずしも規定すべきことを要求していないが、‥‥一定の日を休日と定める方法を規定するよう指導されたい。」

※「毎週」とは暦週ではなく「7日の期間ごとに」の意味。（出典「労働法」P191／菅野和夫著）

※「週休日」

〔通達〕変形週休制（昭22.9.13 発基17号）
「就業規則等により定めをするよう指導すること。」

〔通達〕休日の配置（昭23.9.20 基発1384号）
「4週4日の休日の規定は、4週間に4日の休日があればよく、どの4週間を区切っても4日の休日が与えられていなければならない趣旨ではない。」

〔通達〕休日の出張（昭23.3.17 基発461号、昭33.2.13 基発90号）

□変形休日制を導入する場合の規定例

> この規則第○条（休日）の規定にかかわらず、変
> 形休日制適用対象者は、勤務シフトによる法定休日
> は、月の初日を起算日とする4週間に4日の休日を
> 確保できる範囲で定める。
> 2　勤務シフトで定める休日は、原則として1か月8
> 日乃至9日とする。
> 3　勤務シフトで定める休日は、原則として他の勤務
> 日と振替ることはできない。ただし、やむを得ない
> 事情があり、勤務シフトの調整が可能である場合に
> は、できる限り同一月内の日を指定して振替える。

## 第42条（休日の振替）

> 業務上必要がある場合には、前条の休日を振替え
> ることがある。
> 2　休日の振替を行う場合は、事前に振替による休日
> を指定して従業員に通知する。

解　説

□休日の振替
・「休日の振替」とは、あらかじめ決められた休日に勤務
　を命じる替わりに、当初の休日の替わりに他の就業日を
　休日として与えることです。この振り替え後の休日のこ
　とを「振替休日」といいます。

〔通達〕休日の振替と代休（昭 23.4.19 基収 1397号、昭 63.3.14 基発 150号）

□振替休日
・定められていた休日を、あらかじめ他の日に変更した場
　合、「振替休日」が発生します。このとき、当初休日と
　されていた日は休日ではなく労働日となります。

〔通達〕休日の振替の手続（昭 22.11.27 基発 401号、昭 63.3.14 基発 150号）

□休日の振替と時間外労働
・休日を振り替える場合、その休日は労働日となり休日労
　働とはなりません。しかし、振り替えたことにより、そ

▷週の起算日

の週の労働時間が1週間の法定労働時間を超えるときは、その超えた時間については時間外労働となるため、36協定及び割増賃金を支払います。

<法的根拠等>
〔通達〕1週間の法定労働時間
「…1週間とは、（就業規則その他に別段の定めがない限り）日曜日から土曜日までのいわゆる暦週をいう」（昭63.1.1基発1号）

(1) 同一週間の振替

| 日 | 月 | 火 | 水 | 木 | 金 | 土 |
|---|---|---|---|---|---|---|
| 休<br>↓<br>（出勤） | ① (8) | 振休 (8) | 振休 (8) | (8) | ② (8) | 休<br>↓<br>（出勤） |

①同一週内の振替で例えば「日」出勤、「火」を振休の場合

②「土」出勤、「水」振休等の場合

①②とも割増必要なし

(2) 他の週に振替

〔通達〕休日の振替と時間外労働（昭22.11.27基発401号、昭63.3.14基発150号）

| 日 | 月 | 火 | 水 | 木 | 金 | 土 |
|---|---|---|---|---|---|---|
| 休 | (8) | (8) | (8) | (8) | (8) | 休 (8) |
| 休 | (8) | (8) | (8) | 振休 (8) | (8) | 休 |

第1週の「土」出勤、第2週の「木」振休の場合、第1週は割増必要

理由 ⇒第1週は週の法定労働時間（40時間）を超えるため

# 第43条（代　休）

会社は、業務上の都合によりやむを得ず休日に出勤させた場合は、代休を与えることができる。

91

<法的根拠等>

### 解　説

□代休

・振替をせずに休日に出勤させた後、任意に与えた休日を「代休」といいます。「代休」を与えたとしても休日出勤の性質が「所定の労働日」へと変わることはなく、休日出勤を行った事実も変わりません。

□代休と割増賃金

・「代休」を与えたとしても、休日出勤を行った事実は変わらないため、休日出勤の対価として割増賃金が発生します。

## 第 44 条（適用除外）

> 　　監督若しくは管理の地位にある者又は機密の事務を取り扱う者については、労働時間、休日及び休憩の規定を適用しない。
> 2　　前項に該当する従業員は、労働時間の管理は自ら行うものとするが、当該従業員の健康確保のため、会社はその従業員の在社時間等の管理を行う。

### 解　説

□監督又は管理の地位にある者の範囲

・「監督若しくは管理の地位にある者とは、一般的には、部長、工場長等労働条件の決定その他労務管理について経営者と一体的な立場にある者の意であり、名称にとらわれず、実態に即して判断すべきである。」（昭 22.9.13 発基 17 号、昭 63.3.14 基発 150 号）

□適用除外の主旨

・職制上の役付者のうち、労働時間、休憩、休日等に関する規制の枠を超えて活動することが要請されざるを得ない、重要な職務と責任を有し、現実の勤務態様も労働時間等の規制になじまないような立場にある者に限って、

■労基法第 41 条（労働時間等に関する規定の適用除外）
2　事業の種類にかかわらず、監督若しくは管理の地位にある者又は機密の事項を取扱う者
〔通達〕監督又は管理の地位にある者の範囲（昭 22.9.13 発 基 17 号、 昭 63.3.14 基発 150 号）

〔通達〕多店舗展開する小売業、飲食業等の店舗における管理監督者の範囲の適正化について（平 20.9.9 基発 0909001 号）

〔通達〕多店舗展開する小売業、飲食業等の店舗における管理監督者の範囲の適正化を図るための周知等に当たって留意すべき事項について（平 20.10.3 基 監 発 1003001 号）

▷職制上の役付者

管理監督者として適用の除外が認められます。

□実態に基づく判断

・一般に、企業においては、職務の内容と権限等に応じた地位（以下「職位」という。）と経験、能力等に基づく格付（以下「資格」という。）によって人事管理が行われています。管理監督者の範囲を決めるに当たっては、かかる資格及び職位の名称にとらわれることなく、職務内容、責任と権限、勤務態様に着目し決定します。

□待遇に対する留意点

・管理監督者であるか否かの判定に当たっては、賃金等の待遇面についても無視し得ないものです。この場合、定期給与である基本給、役付手当等において、その地位にふさわしい待遇がなされているか否か、ボーナス等の一時金の支給率、その算定基礎賃金等についても役付者以外の一般従業員に比し、優遇措置が講じられているか否か等について留意します。なお、一般従業員に比べ優遇措置が講じられているからといって、実態のない役付者が管理監督者に含まれるものではありません。

□スタッフ職の取扱い

・「スタッフ職が、本社の企画、調査等の部門に多く配置されており、これらスタッフの企業内における処遇の程度によっては、管理監督者と同様に取扱い、これらの者の地位からして特に労働者の保護に欠けるおそれがないと考えられ、かつ、法が監督者のほかに、管理者も含めていることに着目して、一定の範囲の者については、同法第41条第2号該当者に含めて取り扱うことが妥当であると考えられる。」（昭22.9.13発基17号、昭63.3.14基発150号）

□管理監督者に該当しないとした例

・「マネージャー職（参事、係長、係長補佐）は、タイムカードの打刻が免除されていたとはいえ、業務内容は他の従業員と変わるところがなく、業務の内容・性格に照らす

<法的根拠等>

(1) 実態に基づく判断
・職務内容
・責任と権限
・勤務態様

(2) 待遇に対する留意点
・基本給
・役付手当
・賞与等の一時金の支給率

(3) スタッフ職の取扱い
・本社の企画、調査等の部門

▷管理監督者に該当しない例
<判例>日本コンベンションサービス事件（大阪高裁平12.6.30）

と、出退勤の自由や労働時間について自由裁量権を有していたとは認められず、労務管理への関わり方も部下からの勤怠の届出に承認を与えたり、考課の際に意見を述べるという程度のもので、それ以上の決定権を与えられていたわけではなく、経営者と一体的な立場で重要な職務と責任を負担していたとはいえず、管理監督者に該当しない」（日本コンベンションサービス事件＝大阪高裁平 12.6.30）

「課長職にあって役職手当を支給されていたとはいえ、課長昇進前とほとんど変わらない職務内容、給料、勤務時間の取扱いに照らし、会社の利益を代表して工場の事務を処理するような職務内容、裁量権限、待遇を与えられていたとは到底いえず、会社と一体的な立場に立って勤務し勤務時間について自由裁量権を有していたともいえないから、管理監督者に該当せず、したがって、割増賃金の支払い義務がある」（サンド事件＝大阪地裁昭 58.7.12）

▷管理監督者に該当しない例
＜判例＞サンド事件（大阪地裁昭 58.7.12）

## 注意すべき条文の例示と解説

> 会社が管理職として処遇するものであって、課長職以上の職位にあるものは、労働基準法第 41 条第 2 号（管理監督者）に該当するものとして労働時間、休日及び休憩の規定は適用しない。

・会社の職制上の役付者（管理職）の選定は、人事管理上定めるものであり、法律で定めるものではありません。ただし、当該管理職が時間外労働及び休日労働をした場合の割増賃金の支払対象となるかどうかの判断の根拠は、行政解釈及び判例などを参考とすることになります。

# 第 45 条（時間外及び休日の労働）

> 　　業務上必要がある場合は、別に定める労使協定（以下「36 協定」という。）の範囲で、就業時間を延長し又は休日労働をさせることがある。
>
> 2　　時間外労働及び休日労働は、会社が必要と認める場合に命じる。なお、業務の都合上やむを得ず時間外労働及び休日労働を行わなければならない場合は、会社に申告し、承認を得なければならない。

## 解　説

□労使協定の効力

・「労基法上の労使協定の効力は、その協定に定めるところによって労働させても、労基法に違反しないという免罰効果をもつものであり、労働者の民事上の義務は、当該協定から直接生じるものではなく、労働協約、就業規則等の根拠が必要となる。」（昭 63.1.1 基発 1 号）

・36 協定がない又は届出ていない場合、法定労働時間（8 時間）以上働かせることはできません。法定労働時間以上の労働を命じる場合には、必ず 36 協定の締結が必要です。

□時間外・休日労働協定における協定事項（法第 36 条第 2 項）

　(1) 労働時間を延長し、又は休日に労働させることができることとされる労働者の範囲（第 1 号関係）

　(2) 対象期間（第 2 号関係）

　(3) 労働時間を延長し、又は、休日に労働させることができる場合（第 3 号関係）

　(4) 対象期間における 1 日、1 か月及び 1 年のそれぞれの期間について労働時間を延長して労働させることができる時間又は労働させることができる休日の日数（第 4 号関係）

　(5) 労働時間の延長及び休日の労働を適正なものとする

＜法的根拠等＞

■時間外及び休日の労働（労基法第 36 条）

■時間外及び休日労働の協定（労基則第 16 条）

■労働時間の延長及び休日の労働を適正なものとするために必要な事項（労基則第 17 条）

〔通達〕労使協定の効力（昭 63.1.1 基発 1 号）

◎協定で定める労働時間の延長及び休日の労働について留意すべき事項等に関する指針（厚生労働省告示第 323 号、平 30.9.7）

第 1 条（目的）

第 2 条（労使当事者の責務）

第 3 条（使用者の責務）

第 4 条（業務区分の細分化）

第 5 条（限度時間を超えて延長時間を定めるに当たっての留意事項）

第 6 条（1 か月に満たない期間において労働する労働者についての延長時間の目安）

第 7 条（休日の労働を定めるに当たっての留意事項）

第 8 条（健康福祉確保措置）

第 9 条（適用除外等）

ために必要な事項として厚生労働省令で定める事項（第5号及び労基則第17条第1項関係）

（平30.9.7基発0907第1号）

## 第46条（妊産婦の労働時間の制限）

> 妊娠中の女性従業員及び産後1年を経過しない女性従業員（以下「妊産婦」という。）が請求した場合は、1週40時間、1日8時間を超えて時間外労働若しくは休日労働又は午後10時から午前5時までの深夜労働をさせることはない。

### 解説

・妊産婦は時間外労働、休日労働、深夜業の免除を請求できます。変形労働時間がとられる場合にも、1日及び1週間の法定労働時間を超えて労働しないことを請求できます。（労基法第66条）

・妊娠中は、他の軽易な業務への転換を請求できます。（労基法第65条）

・一定以上の重要物の取扱業務、有害物質が発散する場所等における業務については、妊娠・出産機能等に有害であることから、妊娠中はもとより、年齢等によらずすべての女性を就業させることは禁止されています。（労基法第64条の3）

■妊産婦の労働時間の制限（労基法第66条）

〔通達〕妊産婦の時間外労働、休日労働及び深夜業の制限（昭61.3.20基発151号、婦発69号）「妊産婦が請求した場合においては、使用者は当該妊産婦に時間外労働、休日労働又は深夜業をさせてはならない…。なお、この場合、時間外労働若しくは休日労働についてのみの請求、深夜業のみの請求又はそれぞれについての部分的な請求も認められ、使用者は、その請求された範囲で妊産婦をこれらに従事させれば足りる。」

## 第47条（時間外労働の制限・深夜労働の禁止）

> 会社は、従業員が次の各号のいずれかに該当した場合には、業務の正常な運営を妨げる場合を除き
> (1) 1か月について24時間、1年について150時間を超える時間外労働をさせない。
> 　①小学校就学の始期に達するまでの子を養育する従業員が、その子を養育するために請求したとき
> 　②要介護状態にある家族を介護する従業員が、その対象家族を介護するために請求したとき
> (2) 午後10時から午前5時までの深夜に労働をさせない。
> 　①小学校就学の始期に達するまでの子を養育する従業員が請求したとき
> 　②家族の介護を行う一定の範囲の従業員が請求したとき
> 2　前項の請求ができる従業員の範囲、請求方法、請求の時期、効力期間及びその他の取り扱いについては、育児休業又は介護休業規則の定めによる。

■時間外労働の制限（育児・介護休業法第17条）

■深夜労働の禁止（育児・介護休業法第19条、第20条）

〔趣旨②〕長時間労働は、健康の確保だけでなく、仕事と家庭生活との両立を困難にし、少子化の原因、女性のキャリア形成を阻む原因、男性の家庭参加を阻む原因となっている。これに対し、長時間労働を是正すれば、ワーク・ライフ・バランスが改善し、女性や高齢者も仕事に就きやすくなり、労働参加率の向上に結び付く（平30.9.7基発0907第1号）

### 解　説

・労基法の妊産婦の時間外労働、休日労働及び深夜業の制限とは別に育児又は介護にかかる従業員の時間外労働の制限、深夜労働の禁止を定めています。

・時間外労働の制限及び深夜労働の禁止については、対象となる従業員がこれを容易に受けられるようにするため、あらかじめこの制度を導入し、就業規則等に定めておきます。

## 第48条（非常時災害の時間外労働）

> 　　災害その他避けることのできない事由により臨時
> の必要がある場合は、36協定の範囲を超えて労働さ
> せることがある。

#### 解　説

・「災害その他避けることのできない事由によって協定に
　定める労働時間を超えて労働させる臨時の必要がある
　場合については、更に延長しても差し支えない。」（昭
　23.7.27基収2622号、平11.3.31基発168号）

## 第49条（公民権の行使）

> 　　従業員が勤務日に選挙、裁判員等その他公民とし
> ての権利を行使するため、また公の職務（裁判員を
> 含む。）に就くため、あらかじめ申出た場合は、それ
> に必要な時間又は休暇を与える。ただし、業務の都
> 合により、勤務時間については、その時刻を変更す
> ることがある。
> 2　前項の時間又は休暇は、原則として無給とする。

#### 解　説

□公民及び公民としての権利
・「『公民』とは、国家又は公共団体の公務に参加する資格
　のある国民をいい、『公民としての権利』とは、公民に認
　められる国家又は公共団体の公務に参加する権利をいう。
　例えば、『公民としての権利』には、①法令に根拠を有す
　る公職の選挙権及び被選挙権②憲法の定める最高裁判所
　裁判官の国民審査（憲法第79条）③特別法の住民投票（同
　第95条）④憲法改正の国民投票（同第96条）⑤地方自
　治法による住民の直接請求⑥選挙権及び住民としての直
　接請求権の行使等の要件となる選挙人名簿の登録の申出

〔通達〕公民権行使の時
間の給与（昭22.11.27基
発399号）
「本来の規定は、給与に
関しては何等ふれていな
いから、有給たると無給
たるとは、当事者の自由
に委ねられた問題であ
る。」

〔通達〕公民権行使の範
囲（昭63.3.14基発150
号）

（公職選挙法第21条）等がある。〜略〜」（昭63.3.14 基発150号）

□公の職務

・「『公の職務』とは、法令に根拠を有するものに限られるが、法令に基づく公の職務のすべてをいうものではなく、①国又は地方公共団体の公務に民意を反映してその適正を図る職務、例えば、衆議院議員その他の議員、労働委員会の委員、陪審員、検察審査員、労働審判員、裁判員、法令に基づいて設置される審議会の委員等の職務をいう。」（昭63.3.14 基発150号、平17.9.30 基発0930006号）

・平成21年5月21日から始まった裁判員裁判制度における裁判員に選択された従業員がいた場合は、この公民権の行使が適用されます。

〔通達〕公の職務（昭63.3.14 基発150号、平17.9.30 基発0930006号、令2.2.14 基発0214第12号）
・裁判所の労働審判員、裁判員は通達（平成17.9.30 基発第0930006号）により追加されている。

## 第50条（生理日の措置）

> 生理日の就業が著しく困難な女性従業員が請求したときは、1日又は半日若しくは請求があった時間における就労を免除する。
>
> 2　この措置による日又は時間については、無給とする。

■生理日の就業が著しく困難な女性に対する措置（労基法第68条）

〔通達〕休暇中の賃金（昭23.6.11 基収1898号、昭63.3.14 基発150号、婦発47号）
「‥その間の賃金は労働契約、労働協約又は就業規則で定めるところによって支給しても、しなくても差支えない。」

### 解　説

□生理日の措置と賃金

・「労基法第68条は、生理日の就業が著しく困難な女性が生理日に休暇を請求したときは、その者を就業させてはならない旨を規定するのみであり、賃金の支払いを義務づけてはいないことから、これらの取扱いについては労使間において決定されるべきものであるが、当該女性に著しい不利益を課すことは法の趣旨に照らし好ましくない。」（昭49.4.1 婦収125号、昭63.3.14 基発150号、婦発47号）

〔通達〕生理日の就業が著しく困難な女性に対する措置（昭61.3.20 基発151号、婦発69号）

□生理日の就業が著しく困難な女性に対する措置

・(1) 労基法第68条は、女性が現実に生理日の就業が著しく困難な状態にある場合に休暇の請求があったときはその者を就業させてはならないこととしたものであり、生理であることのみをもって休暇を請求することを認めたものではないことはいうまでもないこと。

(2) 休暇の請求は、就業が著しく困難である事実に基づき行われるものであることから、必ずしも暦日単位で行われなければならないものではなく、半日又は時間単位で請求した場合には、使用者はその範囲で就業させなければ足りるものであること。（昭61.3.20 基発151号、婦発69号）

▷「1日、半日又は時間単位の休暇を指定する」意味と解釈する。

## 第51条（産前産後の休業）

■産前産後（労基法第65条）

> 　　出産予定の女性従業員が休業を請求した場合には、出産予定日の6週間以前（多胎妊娠の場合は14週間以前）から出産日まで就業させない。
> 2　　産後は請求の有無にかかわらず、出産日の翌日から8週間は就業させない。ただし、産後6週間を経過し、本人から請求があった場合には、医師により支障がないと認められた業務へ就業させることがある。
> 3　　産前産後休業は、無給とする。

■ 期間の計算（民法第140条）
〔「日」「週」「月」「年」で定められた期間の起算点〕
日、週、月または年で期間が定められている場合は、期間の初日は数えず翌日を起算日（第1日）とする（原則）。

解　説

・女性従業員が申出た場合には産前6週間（多胎妊娠の場合14週間）の休暇、産後の休暇は本人の請求の有無にかかわらず8週間与えなければなりません。ただし、産後6週間を経過した女性が請求した場合であって医師が支障ないと認めた業務に就かせることは可能です（労基法第65条）。有給にするか無給にするかは、会社の判断によります。

▷出産予定日の確認（医師の証明書又は母子手帳の写し等）

例

①申出による休業（6週又は14週）
②法律による強制的な休業（6週）
③本人請求＋医師の診断により就業可能（2週）

## 第52条（母性健康管理）

> 　　妊産婦である従業員は、母子保健法に定める健康診査又は保健指導を受診するために必要な時間を請求することができる。
>
> 2　妊産婦である従業員は、医師等から妊娠又は出産に関し指導された場合、その指導事項を守ることができるようにするため、所定労働時間の短縮、休憩時間の延長、作業の軽減、休業等の措置を会社に申出ることができる。
>
> 3　第2項の適用を受けた場合、その間の賃金は無給とする。

解　説

□妊産婦

・妊娠中又は産後1年を経過しない女子（以下「妊産婦」という。）

・女性従業員が母子保健法の規定による保健指導又は健康診査を受けるために必要な時間の休業を申出た場合、事

■出産手当金（健康保険法第102条）

被保険者が出産したときは、出産の日（出産の日が出産の予定日後であるときは、出産の予定日）以前42日（多胎妊娠の場合においては、98日）から出産の日後56日までの間において労務に服さなかった期間、出産手当金として、1日につき、標準報酬日額の3分の2に相当する金額を支給する。

■妊娠中及び出産後の健康管理に関する措置（均等法第12条）「事業主は、厚生労働省令で定めるところにより、その雇用する女性労働者が母子保健法（昭和40年法律第141号）の規定による保健指導又は健康診査を受けるために必要な時間を確保することができるようにしなければならない。」

＊「請求」…事業主は事業の正常な運営を妨げる場合は拒める。
＊「申出」…事業主は拒むことができない。

■指針（均等法第13条第2項）
「厚生労働大臣は、……事業主が講ずべき措置に関して、その適切かつ有効な実施を図るために必要な「指針」を定めるものとする」

業主は申出に応じなければならない（均等法第 12 条）。

※健康診査等を受診するために確保しなければならない

　回数

〈妊娠中〉

　　・妊娠 23 週までは 4 週間に 1 回

　　・妊娠 24 週から 35 週までは 2 週間に 1 回

　　・妊娠 36 週以後出産までは 1 週間に 1 回

〈産後（出産後 1 年以内）〉

　　　　医師等の指示に従って必要な時間を確保する

・妊娠中又は出産後 1 年を経過していない女性従業員が、医師等から健康診査に基づいた指導を受け、この指導事項を守るための措置について申出をした場合、事業主は申出に応じ、勤務時間の変更、勤務の軽減等の必要な措置を講じなければならない（均等法第 13 条）。

　(1) 通勤時の混雑を避けるよう指導された場合

　　　……1 時間以内の時差出勤

　(2) 休憩時間について指導された場合

　　　……休憩回数の増加、休憩時間の延長

　(3) 出産後の症状について指導された場合

　　　……作業の制限、休業等

## 第 53 条（育児時間）

　　　生後 1 年に満たない生児を育てる従業員が請求した場合は、所定の休憩時間の他、1 日について 2 回まで、1 回あたり 30 分の育児時間を与える。

**解　説**

・育児時間の 1 回 30 分は、請求があった場合就業させ得ない時間であり、したがって託児所の施設がある場合往復時間を含めて 30 分の育児時間が与えられていれば違法ではないが、往復の所要時間を除く実質的な育児時間

〔通達〕妊娠中及び出産後の女性労働者が保健指導又は健康診査に基づく指導事項を守ることができるようにするため事業主が講ずべき措置に関する指針

（平 9 労働省告示第 105 号）

（平 9.11.4 基発 695 号、女発 36 号）

（平 18.10.11 雇児発 1011002 号）

▷母性健康管理指導事項連絡カード

■均等法第 13 条

「事業主は、その雇用する女性労働者が前条の保健指導又は健康診査に基づく指導事項を守ることができるようにするため、勤務時間の変更、勤務の軽減等必要な措置を講じなければならない。」

■育児時間（労基法第 67 条）

〔通達〕勤務時間の始め又は終りの育児時間（昭 33.6.25 基収 4317 号）

〔通達〕育児時間（昭 25.7.3 基収 2314 号）

〔通達〕1 日の労働時間が 4 時間以内である場合の育児時間（昭 36.1.9 基収 8996 号）

が与えられることが望ましい。」（改正育児・介護休業法、平22.6.30 施行、「育児休業、介護休業等育児又は家族介護を行う労働者の福祉に関する法律の施行について」平21.12.28 職発 1228 第 4 号、雇児発第 1228 第 2 号）。

## 第 54 条（育児休業等）

> 　従業員は、1 歳（延長は 1 歳 6 か月、再延長 2 歳。以下同じ）に満たない子を養育する場合に、次のいずれかを申出することができる。
> (1) 育児休業の取得
> (2) 勤務時間短縮等の措置（以下「育児短時間勤務」という。）
> 2　従業員は、1 歳以上 3 歳未満の子を養育する場合も、「育児短時間勤務」をすることができる。
> 3　従業員が育児休業等の申出をする場合には、対象となる従業員の範囲、賃金その他必要な事項については、別に定める育児休業規則及び労使協定の定めによる。

〔通達〕育児休業の就業規則への記載（平 3.12.20 基発 712 号、平 11.3.31 基発 168 号）

■育児休業の申出（育児・介護休業法第 5 条）

■育児のための勤務時間の短縮等の措置（育児・介護休業法第 23 条）

▷育児休業規則
▷労使協定

### 解　説

□育児休業
・〈原則〉1 歳に満たない子を養育するため
　〈延長〉1 歳 6 か月（特別の事情がある場合）
　〈再延長〉2 歳（保育所などに入所できない場合）
□勤務時間短縮
・(1) 1 歳に満たない子を養育する従業員で育児休業を取得しない従業員
　(2) 1 歳以上 3 歳未満の子を養育する従業員
□労使協定
・育児休業は育児短時間勤務の適用対象従業員の範囲、賃金その他の必要事項
・労使協定を締結すれば、一定の範囲の労働者を育児休業

「請求」
権利者が法律上当然にその権利を有していて、その権利行使を行う旨相手方に伝えるとともに相手方にその行為の履行を促すこと。

「申出」
権利者が相手方対して一定の選択肢を持っているような場合に、権利者側から相手方にその選択内容の意思を伝えること。

の対象者から除外することができる。

①育児休業の申出を拒むことができる従業員

②子の看護休暇の申出を拒むことができる従業員

③育児のための所定外労働の制限の請求を拒むことができる従業員

④育児短時間勤務の申出を拒むことができる従業員

## 第 55 条（介護休業等）

<法的根拠等>

■小学校就学の始期に達するまでの子を養育する労働者等に関する措置の例として「3．その3歳から小学校就学の始期に達するまでの子を養育する…」（育児・介護休業法第 24 条第 1 項第 3 号）

> 従業員は、要介護状態にある対象家族（育児・介護休業法第 2 条の「対象家族」をいう。以下同じ。）を介護する場合は、会社に申出て介護休業をすることができる。
>
> 2　従業員が介護休業をしない場合は、介護休業規則に定める介護のために勤務時間短縮等の措置（以下「介護短時間勤務」という）をすることができる。
>
> 3　従業員が介護休業等の申出をする場合には、対象となる従業員の範囲、賃金その他必要な事項については、別に定める介護休業規則及び労使協定の定めによる。

■介護休業の申出（育児・介護休業法第 11 条）

■介護のための勤務時間の短縮等の措置（育児・介護休業法第 23 条第 3 項）

▷介護休業規則
▷労使協定

### 解　説

□介護休業

・(1) 要介護状態にある対象家族の介護をする従業員

□勤務時間短縮

・(1) 介護休業をしない従業員

□労使協定

・介護休業は適用対象従業員の範囲、賃金その他の必要事項

・労使協定を締結すれば、一定の範囲の労働者を介護休業の対象者から除外することができる。

①介護休業の申出を拒むことができる従業員

②介護休暇の申出を拒むことができる従業員

③介護のための所定外労働の制限の請求を拒むことがで
　きる従業員

④介護短時間勤務の申出を拒むことができる従業員

## 第56条（子の看護休暇）

> 　　　小学校就学の始期に達するまでの子を養育する従
> 業員は、会社に申出ることにより、負傷し、又は疾
> 病にかかった子の看護のために、1人であれば1年間
> で5日、2人以上であれば10日を限度とする休暇を
> 取得することができる。この1年間とは毎年4月1
> 日から翌年3月31日までをいう。
> 2　子の看護休暇は、半日単位、又は時間単位で取得
> することができる。
> 3　前項の定めにより、時間単位で取得する場合は、
> 始業時刻から連続、又は申出の時刻から終業時刻ま
> で連続して取得することができる。
> 4　子の看護休暇を取得することができる従業員の範
> 囲その他必要な事項については、育児休業規則の定め
> による。
> 5　この措置による休暇は、無給とする。

### 解　説

□付与日数

・「子の看護休暇の付与日数は、養育する小学校就学の始
　期に達するまでの子が1人の場合は1年間に5労働日、
　2人以上の場合は1年間に10労働日となる。」（育児介
　護休業法第16条の2）

□取得日数

・子の看護休暇の取得申出については、会社はこれを拒否
　できないというのが原則です（時季変更権が定められて

いない）。当日朝の申出であっても基本的に拒否できません。子の看護休暇の取得を希望する従業員に対しては、一定の配慮を要します。

□労使協定
・育児休業と同様に労使協定によって適用除外者を定めることはできます。配偶者が専業主婦であってもこれを理由として適用除外者とすることはできません。

□賃金
・休暇期間中の賃金について、法律での定めはありません。したがって、有給とするか無給とするかは会社の判断によります。本書の条文例のように「無給とする」と定めれば、無給の休暇ということになります。

## 第57条（介護休暇）

要介護状態にある家族を介護している従業員が、次の事由に基づいて請求した場合には、介護休暇を与える。
（1）対象家族の看護
（2）対象家族の通院等の付添い

2　介護休暇の日数は、要介護状態にある対象家族が1人であれば1年間で5日、2人以上であれば10日を限度とする。この1年間とは4月1日から翌年の3月31日までをいう。

3　介護休暇は、半日単位、又は時間単位で取得することができる。

4　前項の定めにより、時間単位で取得する場合は、始業時刻から連続、又は申出の時刻から終業時刻まで連続して取得することができる。

5　介護休暇を取得することができる従業員の範囲その他必要な事項については介護休業規則の定めによる。

6　この措置による休暇は、無給とする。

■介護休暇の申出（育児・介護休業法第16条の5）

▷介護休暇の請求

▷介護休業規則

106

### 解　説

・介護休暇の申出は、「届書」を前日までに届け出ること
　を原則としますが、要介護者の急な容体悪化に伴う入院
　手続等やむを得ない事情により事前に届け出ることがで
　きないときは、事後速やかに届け出します。

## 法令上の「請求」とは

　私法上は、ある人が相手方に対して一定の行為を要求することをいい、請求を内容とする権利を請求権という。民事訴訟法上は、原告の被告に対する訴えの内容となっている権利、義務又は法律関係の主張を指す。ただし、書面真否確認の訴えにおいては事実の存否の主張が例外的に許される。民事訴訟法上の請求の内容をなす権利関係を証拠物または訴訟の対象という。

・介護保険上の「請求」とは
　この規則第 57 条（介護休暇）
　　「要介護状態にある家族を介護している従業員が、次の事由に基づいて請求した場合には、介護休暇を与える。」
　この規定の「請求」とは、従業員が介護休暇取得日（又は半日単位、時間単位）を指定する意味である。
・労働基準法上の「請求」とは
　この規則第 58 条（年次有給休暇）第 5 項
　　「年次有給休暇は、従業員が請求する時季に与える」
　この規定の「請求」とは、年次有給休暇の時季を指定する趣旨である（昭48.3.6 基発 110 号）。

# 第2節　休　暇

## 第58条（年次有給休暇）

> 年次有給休暇は、入社日より6か月以上継続勤務後及びその後の勤続年数に応じて、全労働日の8割以上出勤した従業員に対して以下のとおり与える。

| 勤務年数 | 6か月 | 1年6か月 | 2年6か月 | 3年6か月 | 4年6か月 | 5年6か月 | 6年6か月以上 |
|---|---|---|---|---|---|---|---|
| 付与日数 | 10日 | 11日 | 12日 | 14日 | 16日 | 18日 | 20日 |

> 2　年次有給休暇の付与日は、入社日により従業員ごとに異なる。
>
> 3　第1項の出勤率の算定には、次の各号に掲げる期間は出勤したものとみなす。
> 　(1) 業務上の負傷、疾病による療養のための休業期間
> 　(2) 産前産後の休業期間
> 　(3) 年次有給休暇を取得した期間
> 　(4) 特別休暇
> 　(5) 育児・介護休業法に基づく育児休業及び介護休業期間
>
> 4　当該年度に新たに付与された年次有給休暇のうち、行使しなかった日数がある場合には、その残日数は翌年度に限り繰り越すことができる。
>
> 5　年次有給休暇は、従業員が請求する時季に与える。ただし、業務に支障をきたし、やむを得ない場合においては他の時季に変更することがある。

### 解　説

□基準日の斉一的取扱い

・中途採用者の多い会社の場合、法律どおり年次有給休暇を付与すると年次有給休暇の権利発生日（基準日）が複

---

▷基準日の設定
■年次有給休暇（労基法第39条）

〔通達〕6か月経過前の年休付与（昭29.6.29基発355号）

〔通達〕初年度における継続勤務要件の短縮（平6.1.4基発1号、平11.3.31基発168号）

〔通達〕出勤率の基礎となる全労働日（昭33.2.13基発90号、昭63.3.14基発150号）

〔通達〕年次有給休暇の付与要件である8割出勤要件（平6.1.4基発1号、平11.3.31基発168号）

〔通達〕育児休業及び介護休業をした期間の取扱い（平6.1.4基発1号、平11.3.31基発168号）

〔通達〕有給休暇の繰越（昭22.12.15基発501号）

▷年次有給休暇の権利

「「労働者の請求」とは、休暇の時季を指定するという趣旨である」（昭48.3.6基発110号）

・年次有給休暇の権利は、法定要件を充たした場合、法律上当然に労働者に生ずる権利であって、労働者の請求を待ってはじめて生ずるものではない。

数となり、管理が煩雑になります。このような場合には、会社が任意の日（例えば毎年4月1日）を基準日として定めることもできます。なお、当該基準日は法律上の効力を有し、これを斉一的取扱いといいます。

- この場合、法定の基準日以前に年次有給休暇を付与（例えば4月1日を基準日とする会社で、12月1日採用者に当該基準日に年次有給休暇を付与する場合）することとなります。なお、付与要件である8割出勤の算定は、短縮された期間は全期間出勤したものとみなします。

&lt;法的根拠等&gt;

〔通達〕年次有給休暇の斉一的取扱い（平6.1.4 基発1号）
・・・斉一的取扱い（原則として全従業員につき一律の基準日を決めて年次有給休暇を与える取扱いをいう。）・・・

〔通達〕年次有給休暇に関する最高裁判決（昭48.3.6 基発110号）
・昭48.3.2 労働基準法第39条の解釈についての判決

・付与日数

| 継続勤務年数 | 6か月 | 1年6か月 | 2年6か月 | 3年6か月 | 4年6か月 | 5年6か月 | 6年6か月以上 |
|---|---|---|---|---|---|---|---|
| 付与日数 | 10日 | 11日 | 12日 | 14日 | 16日 | 18日 | 20日 |

□出勤率

- 出勤率8割以上の算定に当たっては、以下の期間は出勤したものとして扱わなければなりません。（労基法第39条第8項）
  ①業務上負傷し、又は疾病にかかり療養のため休業した期間
  ②産前産後の休業期間
  ③年次有給休暇を取得した期間
  ④育児・介護休業法に基づく育児休業期間・介護休業期間

〔通達〕継続勤務の意義（昭63.3.14 基発150号）

例

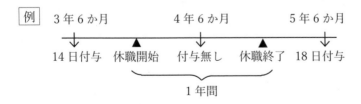

- 年次有給休暇の付与日数の要件である勤続勤務要件をみ

る場合、休業期間は通算します。なお、退職金等の算定に際しては、勤続年数に算入しなくても差し支えありません。

□退職者からの請求

・退職者・・・退職日が決定している場合、退職日以降に時季の変更はできないため、取得希望があった際は取得させる義務があります。一方、就業規則で引継ぎの義務を従業員に課している場合、有給休暇の取得により引継ぎが不完全に終わった場合、懲戒処分の対象となり得ます。

□年次有給休暇管理簿

・「使用者は、年次有給休暇を与えたときは、時季、日数及び基準日を労働者ごとに明らかにした書類（以下「年次有給休暇管理簿」という）を作成し、当該年次有給休暇を与えた期間中及び当該期間の満了後3年間保存しなければならない。」（労基則第24条の7）

〔通達〕「年次有給休暇管理簿」
（平30.9.7基発0907第1号）

■労基則第72条
当分の間、規定中「5年間」とあるのは、「3年間」とする

・また、労働者名簿又は賃金台帳等で取得日時、残日数、取得日数等が確認できる場合は、これらをあわせて保存することで年次有給休暇管理簿に変えることができます。

・「なお、年次有給休暇管理簿については、労働基準法第109条に規定する重要な書類には該当しないものである。」（平30.9.7基発0907第1号）

□「年次有給休暇管理簿の作成」

・「年次有給休暇管理簿に記載すべき「日数」としては、労働者が自ら請求し取得したもの、使用者が時季を指定し取得したもの又は計画的付与により取得したものにかかわらず、実際に労働者が年次有給休暇を取得した日数（半日単位で取得した回数及び時間単位で取得した時間数を含む）を記載する必要がある。また、労働者名簿、賃金台帳と同様の要件を満たしたうえで、電子機器を用いて磁気ディスク、磁気テープ、光ディスク等により調

〔通達〕「年次有給休暇管理簿の作成」（平30.12.28基発1228第15号）

整することは差し支えない。」（平 30.12.28 基発 1228 第
15 号）

## 注意すべき条文の例示と解説

> 　年次有給休暇を取得する場合は、所定の手続により所属長に届出なければならない。

・通常は事前に所定の用紙に休暇取得の日時、期間などを記入して会社に提出させ、会社は時季についての判断をします。「何日前まで」あるいは少なくとも「事前に」などを記載します。

> 　当該年度に行使しなかった年次有給休暇は、当該年度付与分に限り、翌年度に繰り越すことができる。

・年度ごとに基準日を設けて斉一的に年次有給休暇を付与している会社であれば、上記規定は有効なように思えます。しかし、現行法上は、入社初年度においては、年度の途中で年次有給休暇が付与されるケースがあるため、上記規定が有効なのは入社 2 年度以降の従業員のみです。例えば、入社初年度の従業員に対し、令和 2 年 10 月 1 日に 10 日の年次有給休暇を付与した場合、当該年次有給休暇は令和 4 年 9 月 30 日まで繰り越せますが、上記規定では翌年度の末日（令和 4 年 3 月 31 日）までしか繰り越せないことになります。

> 　年次休暇を取得しようとする場合には、所定の届出書に利用目的を記載した上、あらかじめ会社の承諾をうけなければならない。会社は利用目的がふさわしくないと認めるときは、承諾しないことがある。

＊「承諾」…相手の意見や要求、または要望等を認めること。

・「年次有給休暇の利用目的は労基法の関知しないところであり、休暇をどのように利用するかは、使用者の干渉を許さない労働者の自由である。とするのが法の趣旨であると解するのが相当である」（白石営林署事件＝最二

小昭48.3.2）との判例があります。

> 年次有給休暇を取得しようとする従業員は、少なくとも2日前までに所属長に許可を申請しなければならない。

\* 「許可」…願いを受け入れて、行動や行為を許すこと。

・休暇権は法律上当然に発生するため「許可」とは相容れないものです。

## 第59条（時間単位年休）

> 年次有給休暇のうち、5日を超えない範囲で、従業員の過半数を代表する者との書面による協定をした場合には、従業員は時間単位年休を取得することができる。

■年次有給休暇（労基法第39条第4項）
労使協定による時間単位年休の付与

■時間単位年休の労使協定で定める事項（労基則第24条の4）

〔通達〕時間単位年休に関わる労使協定の締結（平21.5.29基発0529001号）

〔通達〕時間単位年休に関するその他の取扱い（平21.5.29基発0529001号）
・1日の年次有給休暇を取得する場合の取扱い
・半日単位年休の取扱い

### 解　説

□時間単位年休の主旨
・まとまった日数の休暇を取得するという年次有給休暇制度の趣旨を踏まえつつ仕事と生活の調和を図る観点から、年次有給休暇を有効に活用できるようにすることを目的として、労使協定により、年次有給休暇について5日の範囲内で時間単位として与えることができることとしたものです。（平21.5.29基発0529001号）

□労使協定の締結
・(1) 時間単位年休の対象労働者の範囲（労基法第39条第4項第1号）
(2) 時間単位年休の日数（5日を上限）（労基法第39条第4項第2号）
(3) 年休1日の時間数（労基則第24条の4）
(4) 1時間以外の時間を単位とする場合はその時間数（同上）

# 第60条（計画付与）

> 年次有給休暇のうち、5日を超える部分について、従業員の過半数を代表する者と書面による協定をした場合には、その協定による時季に休暇を計画付与する。

## 解　説

・年次有給休暇の取得率を向上させ、労働時間の短縮を推進するためには職場において労働者が自己の業務を調整しながら気兼ねなく年次有給休暇を取得できることとすることの趣旨。（「計画的付与の趣旨」(昭63.1.1基発1号)

□労使協定の締結

・(1) 事業場全体の休業による一斉付与の場合・・・具体的な年次有給休暇の付与日

(2) 班別の交替制付与の場合・・・班別の具体的な年次有給休暇の付与日

(3) 年次有給休暇付与計画表による個人別付与の場合・・・計画表を作成する時季、手続き等

# 第61条（会社の時季指定義務）

> 会社は、従業員に対して年次有給休暇のうち5日については、基準日から1年以内の期間に時季を定めることにより与えることがある。ただし、5日のうち、上記の1年間において従業員が前条に定める年次有給休暇を取得した場合は、その取得した日数（半日単位のものを含む）を、上記5日から除く。

## 解　説

・「従業員の定義にかかわらず、年に10日以上有給休暇が付与される従業員については、等しく適用される。この「年に10日」とはその年に付与される有給休暇の日数が

＜法的根拠等＞

〔通達〕計画的付与の趣旨（昭63.1.1基発1号）

〔通達〕計画的付与と時季指定権・時季変更権の関係（昭63.3.14基発150号、平22.5.18基発0518第1号）

「計画的付与の場合には…労働者の時季指定権及び使用者の時季指定権ともに行使できない」

〔通達〕計画的付与の方法（昭63.1.1基発1号、平22.5.18基発0518第1号）

・労使協定に定められるべき事項

■時季指定義務（労基法第39条7項）

■労基則第24条の5
　　　第24条の6
　　　第24条の7
（「年次有給休暇管理簿」）
（管理簿の3年間の保存）

〔通達〕使用者の時季指定義務（趣旨）（平30.9.7基発0907第1号）

〔通達〕年5日以上の年次有給休暇の確実な取得（平30.9.7基発0907第1号）

〔通達〕使用者による時

10 日以上ということである。」

□前年度から繰り越された休暇の取得

・「前年度からの繰越分の年次有給休暇を取得した場合は、その日数分を会社が時季指定すべき 5 日の年次有給休暇から控除することとなる。」

・「なお、労働者が実際に取得した年次有給休暇が、前年度からの繰越分の年次有給休暇であるか当年度の基準日に付与された年次有給休暇であるかについては問わないものである。」（平 30.12.28 基発 1228 第 15 号）

□年 5 日を超える時季指定の可否

・「会社が時季指定を行うよりも前に労働者自ら請求し、又は計画的付与により具体的な年次有給休暇日が特定されている場合には、当該特定されている日数について使用者が時季指定することはできない。」（労基法第 39 条第 8 項）（平 30.12.28 基発 1228 第 15 号）

□罰則

・「会社の時季指定義務に違反した会社に対しては、労基法第 120 条第 1 号の罰則がある。」（平 30.9.7 基発 0907 第 1 号）

<法的根拠等>
季指定の対象となる労働者（平 30.12.28 基発 1228 第 15 号）

〔通達〕年 5 日を超える時季指定の可否（平 30.12.28 基発 1228 第 15 号）

■罰則（労基法第 120 条）
・労基法第 39 条第 7 項「会社の時季指定義務」違反…30 万円以下の罰金に処する。」

第 62 条（年次有給休暇の時季変更権）

> 年次有給休暇は、従業員が請求する時季に与える。ただし、業務に支障をきたし、やむを得ない場合には他の時季に変更することができる。

〔通達〕時季変更権の行使（昭 23.7.27 基収 2622 号）
「…事業の正常な運営を妨げる場合とは、個別的、具体的に客観的に判断されるべきもの…」

解 説

□請求期日

・「有給休暇を希望する者は必ず前日までに申出を行うようにさせる。申出の請求期日が事業の正常な運営を妨げる場合には、請求期日を変更することができる（時季変更権）。使用者の時季変更権の要否を検討し、行使するために相当な時間が必要となるので、事前に申請するよ

<判例>電電公社此花電報電話局事件（最一小昭 57.3.18）

う定めることは可能であるが、前々日までに請求するように定めた規定は有効」（電電公社此花電報電話局事件＝最一小昭57.3.18）とされます。ただし、1週間前までに請求という規定では合理性に欠け行使を妨げるものとして無効となるおそれがあります。

## 第63条（特別休暇）

▷慶弔見舞金規程

> 　従業員が次の各号のいずれかに該当する場合は、特別休暇を与える。
> 　(1) 本人が結婚するとき（入籍又は結婚式のいずれか早いほうを起算日として6か月以内）……5日
> 　(2) 配偶者が出産したとき……2日
> 　(3) 本人の父母、配偶者、子が死亡したとき……5日
> 　(4) 祖父母、兄弟姉妹、配偶者の父母が死亡したとき……2日
> 　(5) その他前各号に準じ会社が必要と認めたとき……会社が定めた日数
> 2　前項の休暇を利用しようとするときは、事前に所定の用紙に記載し、事実を証明する書類とともに申出て、会社の承認を受けなければならない。
> 3　特別休暇の日数は暦日によって計算する。

＜判例＞日本放送協会事件（東京地裁昭56.10.24）
「その利用目的から慰労休暇の申出を承認しなかったことが正当とされた」例

## 解　説

□特別休暇の主旨
・特別休暇は労基法上特に付与しなければならないものではなく、会社が労務管理上の配慮又は生活慣習などから任意に付与できるもので、主に慶弔休暇がこれに該当します。就業規則の相対的必要記載事項であり、また権利関係を明確にする意味で、付与の事由、休暇の日数、休暇請求の手続、休暇中の給与等の取扱いを明確に規定します。

■就業規則の作成及び届出の義務（労基法第89条）
・相対的必要記載事項

□休日を含むのか

・特別休暇として付与する休暇の日数を定める際には、次
のようにその日数に休日を含めるのかどうかをあらかじ
め定めます。

(1) 休暇期間中の休日を休暇日数に算入する例
「特別休暇期間中の休日は日数に算入する」

(2) 休暇期間中の休日を休暇日数に算入しない例
「休暇が休日と重なった場合、重なった休日は休暇の
日数に算入しない」

□特別休暇と賃金の取扱い

・休暇を有給にするか無給にするか、賞与の対象とするか
などについては、労基法上の定めはありません。したがっ
て、休暇の事由とその期間の長短、頻度からくる経営上
の負担の程度との関係から政策的に設定します。

□有給扱いとする場合

・有給扱いとする条件としては、下記のような点に留意し
ます。

①期間的にあまり長期にならず経営的負担が少ないこと

②発生頻度がある程度限定されること

③付与事由が明確で限定されており、濫用の心配がない
こと

④事由からみて福利厚生的配慮を要すること

⑤休暇の実効性を確保する必要があること

⑥募集・採用の面から人材確保上必要であること

（「改訂　変革期の就業規則」）

## 「休日」と「休暇」の取得について

□「休日」と「休暇」を取得する優先順位

・ケース①　原則的

1位　法定休日（労基法第 35 条）

2位　所定休日（労基法第 32 条）

3位　夏休み、冬休みなどの特別休暇又は休日　㊤民事※

4位　永年勤続休暇等（発生したとき）　㊤民事※

⑤位　年次有給休暇（5 日）（労基法第 39 条）

6位　代休、振休、残りの有休（連続休暇）

・ケース②　例外

1位　慶弔休暇　㊤民事※

2位　法定休日

3位　所定休日

4位　夏休み、冬休み等の特別休暇

5位　永年勤続休暇等（発生したとき）

⑥位　年次有給休暇（5 日）

7位　代休、振休、残りの有休

### ポイント

・就業規則に記載のある休日・休暇の権利に年 5 日を上乗せ加算

　　　　　　↓

　　これの侵害は NG

▷改正労基法第 39 条第 7 項における「会社が社員の年次有給休暇取得の時季指定」の規定により、「休日と休暇」の取得順位を左記のとおり明確にした（この項目は労働基準監督官の情報に基づくものである）。

※㊤民事
⇒就業規則で、会社が休暇として定めたもの。

▷ケース②例外の記述について
「慶弔休暇」がなぜ 1 位かについては、[解説]の特別休暇の主旨にあるとおり、会社が「労務管理上の配慮又は生活慣習などから任意に付与できるもの」として取り上げています。この慶弔（結婚・お産などの喜ぶべきことと死別などの悲しむべきこと）は、社会の慣習行事として、人々が生活を営んでいくうえで大事な行事で、臨時的・突発的に発生するものです。会社は、従業員が社会生活を営むうえで大事な「結婚」又は「死」の「式」に参加できるよう、配慮して特別に定めたものです。

# 第4章　服　務

## 第1節　服務規律

### 第64条（服務の基本原則）

> 　　従業員は、この規則に定めるものの他、業務上の指揮命令に従い、自己の業務に専念し、服務規律を守るとともに、互いに協力して職場の秩序を維持しなければならない。

**解　説**

・服務規律とは、企業秩序を維持確保するために必要な事項を定めたものです。

・服務規律には、服務心得として精神面に関する内容等、訓示的事項について定めるものと、禁止事項として社内での政治活動や宗教活動等の禁止を定めるものがあります。

### 第65条（服務規律）

> 　　従業員は、業務遂行にあたり次の各号に掲げる事項を守らなければならない。
> 2　職場環境維持に関する事項
> 　(1) 他の従業員、役員等との円滑な交流をなし、行動に品位を保つなどして、職場環境の向上に努めること
> 　(2) 常に職場を整理整頓し、気持ちよく勤務ができるように努めること
> 　(3) 酒気を帯びて勤務しないこと
> 　(4) 会社施設内で、賭博その他これに類似する行為をしないこと

<法的根拠等>

■就業規則（労基法第89条第10号）
…前各号に掲げるもののほか、当該事業場の労働者の全てに適用される定めをする場合においてはこれに関する事項

▷企業秩序と規則
<判例>富士重工業事件（最三小昭52.12.13）
「企業秩序は、企業の存立と事業の円滑な運営の維持のために必要不可欠なものであり、企業は、この企業秩序を維持確保するため、これに必要な諸事項を規則をもって一般的に定め、あるいは具体的に労働者に指示、命令することができる…ことは当然のこと。」

▷職場環境維持

■安衛法第26条

(5) 所定の場所以外で、喫煙し、又は火を使用する器具を許可なく使用しないこと

(6) 周囲の人に不快感を与えるような匂いなどを発生・発散させないよう、自身を清潔に保ち、スメルハラスメントに相当する行為によって、他の従業員に精神的な苦痛を与えないこと、又は職場の環境を悪くしないこと。また、フレグランス製品の過度な使用を控えること

(7) 周囲の人の健康を害するおそれのある受動喫煙となる行為をしないこと。また、喫煙に関わる匂いなどを発生・発散させ、周囲の人に不快感を与えないこと

(8) 会社内外を問わず、人をののしり、又は暴行を加えないこと

(9) 他の従業員を教唆して、就業規則に反するような行為、秩序を乱すような行為をしないこと

3　情報管理に関する事項

(1) 会社内外を問わず、在職中又は退職後においても、会社、取引先等の機密性のある情報、顧客情報、企画案、ノウハウ、データ、ＩＤ、パスワード及び会社の不利益となる事項を第三者に開示、漏えい、提供しないこと。また、コピー等をして社外に持ち出さないこと

(2) 会社内外を問わず、在職中又は退職後においても、業務上知り得た顧客データ等の個人情報を開示、漏えい、提供しないこと。また、コピー等を社外に持ち出さないこと

(3) 会社が貸与する携帯電話、パソコン、その他情報関連機器（当該情報関連機器に蓄積されている情報も含む。）を、紛失又は破壊しないこと。また、当該情報関連機器を紛失又は破壊した場合、直ちに情報漏えいの防止の対策を行うとともに、会社に報告すること

▷情報管理

▷秘密保持義務
＜判例＞古河鉱業足尾製作所事件（東京高裁昭55.2.18）
「…労働者は労働契約に基づく付随的義務として、信義則上、使用者の利益をことさらに害するような行為を避けるべき責務を負い、その一つとして使用者の業務上の秘密を洩らさないとの義務を負う。」

  (4) 会社の事業場の秘密、ノウハウ、技術情報等の営業秘密のほか、人事情報、管理情報、プライバシー及びスキャンダル情報等のいかなる情報であっても第三者に漏えい、開示、提供しないこと、並びに自己の利益のために使用しないこと

4　職務専念義務に関する事項

  (1) 政治活動、宗教活動、業務に関係のない放送、宣伝、集会、又は文書画の配布、回覧、提示その他これに類する活動をしないこと。休憩時間及び勤務時間外であっても、勤務場所（会社の事業場以外に、取引先等も含む。）で、このような活動をしないこと

  (2) 勤務時間中は許可なく職場を離れ、若しくは責務を怠る等の行為をしないこと

  (3) やむを得ない事由のある場合のほか、欠勤、遅刻又は早退をし、若しくは勤務時間中に私用外出又は私用面会をしないこと

5　信用維持に関する事項

  (1) 会社又は会社に関係する者の名誉を傷つけ、信用を害し、体面を汚す行為をしないこと

  (2) 業務上で関わった取引先から金品を受け取ること、私事の理由で賃借関係を結ぶこと等の私的な利益を受けないこと

  (3) 通勤途上又は会社内はもちろんのこと、会社外のいかなる場合においても、痴漢行為、性差別又はセクシュアルハラスメントに該当するような言動をしないこと

  (4) 公共の場所のみならず、いかなる場所においても他人に粗野又は乱暴な言動で迷惑をかけないこと

  (5) 理由を問わず他人の住居等に侵入し又はストーカー行為に相当することをしないこと

▷職務専念義務
＜判例＞国鉄青函局事件（札幌高裁昭48.5.29）目黒電電局事件（最三小昭52.12.13）
「就業時間中は職務のみ従事し他の活動は行わないこと」

▷信用維持
■信義誠実の原則（労契法第3条第4項）
■基本原則（民法第1条）
■労働契約の原則（労契法第3条）

■強制わいせつ（刑法第176条）
■脅迫（刑法第222条）
■傷害（刑法第204条）
■軽犯罪法第1条第5号
■軽犯罪法第1条第23号
■ストーカー規制法第3条
■酒気帯び運転等の禁止（道路交通法第65条）
■過労運転等の禁止（道路交通法第66条）
■酒酔迷惑防止法第1条、第4条
■窃盗（刑法第235条）
■横領（刑法第252条）

(6) その他軽犯罪法に抵触する行為をしないこと

(7) 酒気を帯びて車両等を運転しないこと

(8) 過労、病気及び薬物の影響その他の理由により正常な運転ができないおそれがある状態で車両等を運転しないこと

(9) 酒に酔って、他人に迷惑をかけるような著しく粗野な言動をしないこと

6　その他の遵守事項

(1) 住所、家族関係、経歴その他の会社に申告すべき事項及び各種届出事項について、虚偽の申告をしないこと

(2) 業務上の技術の研鑽向上に努めること

(3) 会社の資産と私物の区別を明確にし、会社資産を勤務以外に使用せず、備品等を大切にし、消耗品の節約に努め、書類は丁寧に扱いその保管を厳かにすること

(4) 職務の権限を超えて独断で判断又は処理をしないこと

(5) 本条に違反する行為のほか、会社の利益を損じる行為をしないこと

(6) その他、会社の命令、注意、通知事項を遵守すること

7　前各項の違反について、その内容、程度を考慮して懲戒処分を科すことがある。

## 解　説

□労働契約の付随義務及び服務規律

・従業員と会社が労働契約を締結すると、労働契約に付随した義務も負うことになります。会社が定める服務規律もその付随義務のひとつです。なお、服務規律は、会社で働く従業員に対し、守るべきルールを規定したものですから、労働契約の締結の際には、その内容を提示しま

▷服務規律
従業員は会社と労働契約を締結することにより、労務提供義務を負うと同時に、これに付随して次の義務を負うとされる。
■民法第1条　信義則
(1) 職務専念義務
(2) 企業秩序遵守義務
(3) 使用者の施設管理権に服する義務

す。

(1) （債務の本旨に従う）労務提供義務・・・労働契約に基づく完全履行義務として、当日の業務を通常どおり（安全かつ完全に）遂行できる労務を持参する義務

　　①不完全履行の労務は受領を拒否すること（ミスの予見ある仕事に従事させないこと）

　　②黙示による承認の禁止（不完全な労務の提供を知りながら放置し仕事をさせておくと、会社は異議なく受領したことになり、事故等生じたときは、なぜ不適格者を就労させたかとの責任を上司は問われる）

■労働契約の成立（労契法第6、第7条）

〔通達〕改正労働契約法について

（労働契約の成立）

（平25.3.28基発0328第6号）

(2) 業務命令に従う義務・・・従業員は、上司等の業務命令及び作業手順等に従って、労務を提供し業務を遂行する義務。なお、時間外・休日労働や勤務の変更・振替等勤務関係の命令も業務命令に含まれる

　　①上司等は、適切な業務命令を行うこと

　　②上司等は、業務命令に従わない従業員には、指導教育及び注意をし、改善を指示すること（→始末書提出指示）。違反を放置していると命令に従わないことを認めたことになる（→業務秩序の乱れの責任は上司等にある）

　　③残業命令等について、従業員の過労防止等の安全配慮をすること（→上司等は、従業員の健康にも関心を持つ）

(3) 職務の適正誠実遂行義務・・・賃金をもらって業務を行う契約をしている以上、業務の適正かつ誠実な遂行義務が生ずるのは有償双務契約上の信義則から当然として生じる義務

　　①上司等は、善良な管理者としての注意・指導・監督（報告、連絡、相談を励行させ、報告すべき事項の秘匿の禁止）を行うこと

　　②上司等は、従業員に対し担当（分掌）業務内容の

▷職務専念義務

＜判例＞国鉄青函局事件（札幌高裁昭48.5.29）

＜判例＞目黒電電局事件（最三小昭52.12.13）

123

明白化を図り、理解させておくこと

(4) 職場秩序維持義務・・・会社は、多数の従業員の組織で成り立っており、職場及び業務の秩序を守ることは重要な要素となっているため生じる義務

　①マニュアル・規定の整備を行い、そのとおり実行させること

　②守らない者には注意、指導及び処分の実施を行い、決して黙認状態にしないこと〈違反行為の放置の禁止〉（→放置の責任は上司等）

(5) 人事権に従う義務・・・労働契約は特約がない限り包括契約であり、会社の指示する場所で、配置される業務に従事する義務。また、転勤、配置転換、昇進、昇格、降格等管理上の命令に従う義務が生じる

　①労働契約は、仕事及び勤務場所等を特約しない一般的な包括契約であることの理解を深めさせること（→労働契約書・誓約書）

　②従業員の能力向上及び労働力の有効活用に努めること（→人材開発）

　③育児・介護を行っている従業員の転勤には配慮義務のあること

　④人事上の降格は、懲戒処分及び職能給格付上の降格とは違い、適材適所への配置権であること

(6) 職場労働環境保持義務（セクシュアルハラスメント禁止義務を含む）・・・従業員は、所定の物的及び人的環境（人間関係を含む）を適正良好に保持して、相互に働きやすい職場環境を保持する義務

　①物的環境の整備措置（→労働衛生管理）

　②人的環境の適正保持措置〈セクシュアルハラスメントへの対応〉（→人間関係の整備、配慮、及び措置義務）

　③従業員からの職場環境（人間関係も含む）の申出への対応措置を怠らないこと

▷企業秩序遵守義務（誠実義務、忠実義務）
＜判例＞国鉄管理局事件（静岡地裁昭 48.6.29）
＜判例＞茨城急行自動車事件（東京地裁昭 58.7.19）
＜判例＞日本コンベンションサービス事件（大阪高裁平 10.5.29）

＜判例＞国鉄中国支社事件（最一小昭 49.2.28）
「企業は社会において活動するものであるから、その社会的評価の低下毀損は、企業の円滑な運営に支障をきたすおそれがあると客観的に認められるがごとき所為については、職場外でされた職務遂行に関係のないものであっても、なお広く企業秩序の維持確保のためにこれを規制の対象とすることが許される場合もありうるといわなければならない」

▷使用者の施設管理権に服する義務
＜判例＞（国鉄札幌駅事件（最三小昭 54.10.30）
「企業内では使用者の定める施設管理に関する規則に従うこと」

▷セクシュアルハラスメント
■均等法第 11 条（職場における性的な言動に起因する問題に関する雇用管理上の措置等）

④業務上外における従業員の融和への努力も必要
（従業員の動静の把握も）であること

⑤セクハラの防止と問題発生の対応（→放置の禁止）

(7) 業務の促進義務・・・従業員は、自己の業務について
積極的に促進し、生産性の向上・販売等を促進し、工
夫する努力義務

　①従業員の自己啓発、研修、表彰及び賃金体系上の
　インセンティブ等の配慮を行うこと

　②人事考課の公正、公平な実施に努め、不活動な者
　にはその結果を教示し、指導して業務の向上促進
　に努めさせること

(8) 忠実（勤務）義務・・・従業員は、善良な管理者の注
意義務に従って忠実に職務を遂行する義務。なお、い
やしくも違法、不法及び背信的行為などはしてはなら
ない。また、会社にとって危険及び損害等が予見され
る場合には上司等に報告し、指示を受けて対応しなけ
ればならない。いわゆる内部告発もこの目的のためで
ある

▷内部告発（⇒内部通報
　制度）
■公益通報者保護法

　①不当、不正及び背信的行為の事前把握（監督）に
　努める義務があること

　②不忠実行為及び違法行為に上司として加担しては
　ならない。加担及び間接的教唆は共犯的な責任と
　なること

　③会社の危機及び損害の可能性を予見したときは的
　確な措置をとり関係者と協議し企業防衛に努める
　こと

(9) 職務専念義務・・・従業員は、勤務時間中は職務に専
念し、私用など業務以外の行為をしてはならない。

▷職務専念義務違反と懲
　戒処分

　①従業員に対しての職務専念義務の教育をして倫理
　の確立を図ること

　②業務遂行中に職務専念義務に反すること、例えば

従業員が勤務中に私用メール、電話等を許可なく行うときは、注意、指導し、繰り返すときは懲戒処分等を行うこと

③会社外の営業活動においても私用を行う、怠ける等のないよう監督及び指導し、行動把握に留意すること

(10) 信用保持義務（会社の信用及び従業員の名誉の保持）
・・・従業員は、会社の信用を保持し、内外において他の従業員の品位又は対面を害するような犯罪行為並びに反社会的行為を行ってはならない。また、会社外において会社を攻撃するビラ等社内の意欲（士気）の低下行為及び企業秩序違反行為をしてはならないこと。さらに、自己に不正等の疑いをかけられたときは、積極的に調査に応じ疑惑を解消しなければならない。

①社内的信用保持措置・・・不正及び不当行為の疑いをもたれたときは、報告、調査に応じ自己の疑いをはらす努力をすべき旨を指示すること　▷社内的信用保持

②社外的信用保持措置・・・会社の社会的評価の重要性を理解し、企業イメージ、信用を失墜するような反社会的行為をしないよう教育するとともにその疑いあるときは状況を把握しておくこと　▷社外的信用保持

③従業員の会社への不信感を生じさせる行為や他の従業員及び社外への悪口、中傷、誹謗などのメールの発信等への注意を怠らないこと　＜判例＞F社電子メール事件（東京地裁平13.12.3）＜判例＞日経クイック情報事件（東京地裁平14.2.26）

(11) 企業秘密の守秘義務（退職後の競業避止特約）・・・従業員は、会社の業務上の秘密及び取引上その他関係する秘密を保持し、また営業秘密の不正開示に該当するような行為を行わず、特約により競業他社への就職等が禁止されること

①ノウハウ又は営業秘密等の管理（秘密管理）を行い、企業倫理の教育と指導に努めること　▷秘密管理、企業倫理

②営業秘密の保護及び不正開示の禁止措置を教育し　▷行動基準

て規定化、マニュアル化しておくこと

③関係の就業規則を整備しておくこと

④従業員又は関係者の個人情報の漏えいの禁止（特に業務上の名簿等の取扱注意）のこと

⑤退職後の競業避止の範囲、期間等について特約しておくこと

(12) 背信行為禁止義務・・・従業員は、自己の職務上の任務に背いて自己又は第三者の利益を図り、又は会社に損害を与えるような行為をしてはならない

①職務上の地位利用の不当又は不正利益への関与がないか注意し把握しておくこと

②日常の言動の把握又は交友関係（社外からの電話、メール又は不相当遊興等）にも目を配っておくこと

③社内監査体制の整備と適正なルールの運用に努めること

(13) 安全作業義務・・・従業員が、所定の作業手順等に従い自己及び他の従業員に対し労働災害を発生しないよう安全に注意して業務を行う義務

①物的安全措置とそれが実施されていることの確認を常に行うこと

②安全教育、指導及び指示を怠らないこと。特に従業員の不安全行為の黙認は禁止すること

③安全作業手順を守り、保護具等の着用を徹底させること

(14) 自己保健義務・・・従業員が、自己の健康を保持し、常に健康で安全な状態で業務を遂行するように努力しなければならない義務

①定期健診の受診とその結果に基づく必要な就業上の措置を行うこと

②従業員の日常の健康状態への配慮を怠らないこと

＜職場の公私混同の中（業務上の原因及び私傷病

<法的根拠等>

　　　　による原因）でも家族的配慮の必要なこと（過労
　　　　死及び過労自殺の防止）＞

　(15) <u>協調及び協力義務</u>・・・従業員は、会社に対し信義則　　▷冠婚葬祭への協力も含
　　　上様々な協力義務を負っている。　　　　　　　　　　　　　む
　　　　　①職場の人間関係所の協調と融和に関し従業員への
　　　　　　配慮を行うこと
　　　　　②従業員への必要な会社の情報の提供を行うこと　　　▷会社情報の開示
　　　　　③ISO 基準、災害防止、安全配慮義務に協力するこ
　　　　　　と
　　　　　④福利厚生活動、企業外ボランティア活動による従
　　　　　　業員の活力の維持向上にも努めること

□私生活上の行為等
・従業員は雇用契約上「企業秩序遵守義務」を負っている　　▷企業秩序遵守義務（前
　ため、私生活上の行為であっても、企業の名誉信用を損　　　掲）
　なうような行為であれば規制の対象です。　　　　　　　　　＜判例＞国鉄中国支社事
　　　　　　　　　　　　　　　　　　　　　　　　　　　　　　件（最一小昭 49.2.28）
　　　　　　　　　　　　　　　　　　　　　　　　　　　　　　参照
□政治、宗教活動
・政治活動あるいは宗教活動については、従業員間におけ　　▷宗教活動の禁止
　る意見対立も生じやすく、業務遂行・職場秩序を妨げる
　おそれもあるため、職務専念義務違反となり、会社の承
　諾がなければ違法となります。

□服務規律（遵守事項）と懲戒事由との関係
・服務規律は、会社と労働契約関係にある従業員が、日常　　▷服務規律違反と懲戒処
　守らなければならない会社のルール及び遵守すべき事項　　　分
　を定めます。この服務規律により企業秩序は維持されま
　す。しかし、服務規律違反があったからといって、当然
　に懲戒処分ができるわけではなく、懲戒処分の運用にあ
　たっては、罪刑法定主義の原則により、その行為が懲戒　　▷罪刑法定主義の原則
　事由として就業規則に規定されていることが必要です。

# 第66条（セクシュアルハラスメントの禁止）

> 　　セクシュアルハラスメントは、同じ職場に働く従業員の働く意欲を阻害し、職場の秩序を乱し、職場の環境を悪化させるものであり、従業員はいかなる場合でもセクシュアルハラスメントに該当するか、該当すると疑われるような行為をしてはならない。
> 2　　前項のセクシュアルハラスメントをした場合は、この規則の第84条（譴責・減給・出勤停止）又は第85条（懲戒解雇・諭旨解雇）により処分することがある。

## 解　説

□雇用管理上の措置

・「男女雇用機会均等法第11条により、会社に対してセクシュアルハラスメント防止のための措置義務が課せられる。事業主は、職場において行われる性的な言動に対するその雇用する女性労働者の対応により当該女性労働者がその労働条件につき不利益を受け、又は当該性的な言動により当該女性労働者の就業環境が害されることのないよう雇用管理上必要な措置を講じなければならない。」（平18.10.11雇児発1011002号）

・「事業主が職場における性的な言動に起因する問題に関して雇用管理上講ずべき措置についての指針」（平18.10.11厚労省告示第615号）において、対価型セクシュアルハラスメントと環境型セクシュアルハラスメントとに分類されています。

①対価型セクシュアルハラスメント

　性的な言動に対する従業員の対応（拒否・抵抗）により、当該従業員がその労働条件につき不利益を受けるもの（例えば、上司が部下に対して性的な関係を要求したが拒否されたため当該従業員を降職すること）

〔通達〕事業主が職場における性的な言動に起因する問題に関して雇用管理上講ずべき措置についての指針（平18.10.11厚労省告示第615号）

〔通達〕心理的負荷による精神障害の認定基準の改正について（令2.5.29基発0529第1号）

〔通達〕心理的負荷による精神障害の認定基準について（令2.8.21基発0821第4号）

＜法的根拠等＞

〔通達〕セクシュアルハラスメントによる精神障害等の業務上外の認定について（平17.12.1基労補発1201001号）

＜判例＞福岡セクシュアルハラスメント事件（福岡地裁平4.4.16）
男性上司が、女性従業員の異性関係が派手である等の噂を流したり、会社の役員に当該女性と取引先の担当者の男女関係のもつれが原因で取引解消になった等の報告をし、退職を迫り、結果退職を余儀なくされた。

②環境型セクシュアルハラスメント

　性的な言動により就業環境が害されるもの（例えば、上司が部下の体に度々触ったため当該従業員が苦痛に感じてその就業意欲が低下すること）

・セクシュアルハラスメントが原因で「うつ」等の精神疾患になった場合に、業務上の災害として労災保険が適用されることがあります。

□福岡セクシュアルハラスメント事件

・当該裁判の判決では、男性上司の言動は、職場環境を悪化させたもので不法行為を構成し、また会社の業務の執行につきなされたものであるから、会社は使用者責任を負うとされました。

・会社は、社会通念上伴う義務として、職場が従業員にとって働きやすい環境を保つよう配慮する注意義務があるところ、職場環境を調整する義務を怠り、主として女性の譲歩、犠牲において職場環境を調整しようとした点で不法行為性が認められ、その点でも使用者責任を負うとして、損害賠償金165万円の支払いを命じられました。

## 第67条　（いじめ・嫌がらせの禁止）

　　　いじめ・嫌がらせとは、職場で働く者に対して、職務上の地位及び人間関係などの職場内の優位性を背景に、業務の適正な範囲を超えて、精神的・身体的苦痛を与える又は職場環境を悪化させる行為である。従業員はいかなる形でもいじめ・嫌がらせに該当するか、該当すると疑われるような行為をしてはならない。

　2　前項のいじめ・嫌がらせをした場合は、この規則の第84条（譴責・減給・出勤停止）又は第85条（懲戒解雇・諭旨解雇）により処分することがある。

＜法的根拠等＞

解　説

□心理的負荷

・精神障害の労災認定基準に「対人関係」で「同僚等から、暴行又は（ひどい）いじめ・嫌がらせを受けた」という項目があります。これは、

(1) 暴行又はいじめ・嫌がらせの内容、程度等

(2) 反復・継続などの執拗性の状況

(3) 会社の対応の有無及び内容、改善の状況

などを評価の視点としています。具体的には、

(1) 心理的負荷の強度が「中」になる例

　①同僚等から、治療を要さない程度の暴行を受け、行為が反復・継続していない場合

　②同僚等から、人格や人間性を否定するような言動を受け、行為が反復・継続していない場合

(2) 心理的負荷の強度が「強」になる例

　①同僚等から、治療を要する程度の暴行等を受けた場合

　②同僚等から、暴行等を執拗に受けた場合

　③同僚等から、人格や人間性を否定するような言動を執拗に受けた場合

　④「中」程度の暴行又はいじめ・嫌がらせを受けた場合で、会社に相談しても適切な対応がなく、改善されなかった場合

〔通達〕心理的負荷による精神障害の認定基準について（令 2.8.21 基発 0821 第 4 号）

# 第 68 条（職場のパワーハラスメントの禁止）

<法的根拠等>

■労働施策総合推進法
第 30 条の 2（雇用管理上の措置等）
第 30 条の 3（国・事業主及び労働者の責務）

▷厚労省告示第 5 号（令 2.1.15）
「事業主が職場における優越的な関係を背景とした言動に起因する問題に関して雇用管理上講ずべき措置等についての指針」

〔通達〕心理的負荷による精神障害の認定基準の改正について（令 2.5.29 基発 0529 第 1 号）

> 　　職場のパワーハラスメント（職務上の地位及び人間関係などの職場内の優位性を背景に、業務の適正な範囲を超えて、精神的・身体的苦痛を与える又は職場環境を悪化させる行為等をいう。以下同じ）は、心身の健康や職場の士気を低下させる行為であり、従業員はいかなる形でも職場のパワーハラスメントに該当するか、該当すると疑われるような行為等をしてはならない。
>
> 2　　前項の職場のパワーハラスメントをした場合は、この規則の第 84 条（譴責・減給・出勤停止）又は第 85 条（懲戒解雇・諭旨解雇）により処分することがある。

## 解　説

□職場のパワーハラスメント

・「職場のパワーハラスメントは、相手の尊厳や人格を傷つける許されない行為であるとともに、職場環境を悪化させるものです。こうした問題を放置すれば、人は仕事への意欲や自信を失い、時には心身の健康や命すら危険にさらされる場合があり、職場のパワーハラスメントはなくしていかなければなりません。また、企業にとっても、職場のパワーハラスメントは、職場全体の生産性や意欲の低下など、周りの人への影響や企業イメージの悪化などを通じて経営上大きな損失につながる恐れもあります。」（出典「職場のパワーハラスメント防止対策についての検討会報告書」

□職場のパワーハラスメントの禁止

・職場におけるパワーハラスメントを防止するために、事業主は雇用管理上必要な措置を講じなければならない。（労働施策総合推進法第 30 条の 2）

・心理的負荷による精神障害の労災認定基準に「上司等か

▷会社の取るべき対策
(1) 雇用管理上の措置義務
　①窓口を設ける
　②研修の実施
(2) 社内の労務管理対策
　①コミュニケーションの円滑化
　②規則・規程の周知
(3) 服務規則の整備
▷職場のパワーハラスメント防止規程

ら、身体的攻撃、精神的攻撃等のパワーハラスメントを
受けた」という項目があります。これは、

(1) 指導・叱責等の言動に至る組織や状況

(2) 身体的攻撃、精神的攻撃等の内容、程度

(3) 反復・継続などの執拗性の状況

(4) 会社の対応の有無及び内容、改善の状況

などを評価の視点としています。

<法的根拠等>
〔通達〕心理的負荷による精神障害の認定基準について（令 2.8.21 基発 0821 第 4 号）

　1) 心理的負荷の強度が「中」又は「強」になる例として

　　①上司等による次のような身体的攻撃・精神的攻撃
　　が行われ、行為が反復・継続していない場合

　　　㋐治癒を要さない程度の暴行による身体的攻撃

　　　㋑人格や人間性を否定するような、業務上あき
　　　らかに必要性がない又は業務の目的を（大き
　　　く）逸脱した精神的攻撃

※（大きく）⇒「強」になる例

　　②必要以上に長時間にわたる叱責、他の労働者の面
　　前における（大声での）威圧的な叱責等、態様や
　　手段が社会通念に照らして許容される範囲を超え
　　る精神的攻撃

※（大声での）⇒「強」になる例

　2) 心理的負荷としては「中」程度の身体的攻撃、精神
　　的攻撃を受けた場合であって、会社に相談しても適
　　切な対応がなく、改善されなかった場合

〔注書〕「上司等」には、職務上の地位が上位の者のほか、
同僚又は部下であっても、業務上必要な知識や豊富な経
験を有しており、その者の協力が得られなければ業務の
円滑な遂行を行うことが困難な場合、同僚又は部下から
の集団による行為でこれに抵抗又は拒絶することが困難
である場合も含みます。

## 第 69 条（妊娠・出産・育児等に対するいじめ・嫌がらせの禁止）

> 　従業員は、妊娠、出産又は育児に関する言動により、妊娠、出産した女性及び育児休業を申出ている者、並びに育児休業を取得した者の職場環境を害する行為をしてはならない。
> 2　前項の妊娠・出産・育児等に対するいじめ・嫌がらせをした場合は、この規則の第 84 条（譴責・減給・出勤停止）又は第 85 条（懲戒解雇・諭旨解雇）により処分することがある。

### 解　説

□妊娠、出産等に関するハラスメントの禁止

・職場における妊娠・出産・育児等に関するハラスメントを防止するため、事業主は雇用管理上必要な措置を講じなければならない。（均等法第 11 条の 3、育児・介護休業法第 25 条）

□禁止行為の内容

・(1) 部下の妊娠・出産・育児・介護に関する制度及び措置の利用に関し、解雇その他不利益な取扱いを示唆する言動

　(2) 部下又は同僚の妊娠・出産・育児・介護に関する制度及び措置の利用を阻害する言動

　(3) 部下又は同僚が妊娠・出産・育児・介護に関する制度又は措置を利用したことによる嫌がらせ等

　(4) 部下が妊娠・出産したことにより、解雇その他不利益な取扱いを示唆する言動

　(5) 部下又は同僚が妊娠・出産等をしたことに対する嫌がらせ等

# 第70条（その他のハラスメントの禁止）

> 　　第66条から第69条までの規定のほか、性的指向、性自認に関する言動によるものなどの職場におけるあらゆるハラスメントにより、他の従業員の就業環境を害するようなことをしてはならない。

◎厚労省告示615号（平18.10.11）
「事業主が職場における性的な言動に起因する問題に関して雇用管理上講ずべき措置等についての指針」（改正告示第6号令2.1.15）

## 解　説

□ LGBT

・恋愛感情又は性的感情の対象となる性別の指向のことを「性的指向」、自己の性別についての認識のことを「性自認（性同一性）」といいます。性的指向及び性自認を理由とする差別は許されないものであり、差別的言動及び嫌がらせのない良好な職場環境を作ることが重要です。

□その他のハラスメントの例

・パタニティハラスメント、アルコールハラスメント、ケアハラスメント、カスタマーハラスメント、スモーク・ハラスメント、モラル・ハラスメント、エイジ・ハラスメント、ジェンダー・ハラスメント、ソーシャルメディア・ハラスメント、テクノロジー・ハラスメント、リストラ・ハラスメント等

## 第71条（反社会的勢力への対応）

> 　　従業員は、暴力団、暴力団企業、総会屋又はこれらに準ずる団体（反社会的勢力）に属せず、職務を通じた交流及び交際をしてはならない。
> 2　従業員自ら又は第三者を利用して、暴力を用いる不当な要求行為、脅迫的な言動、風説の流布、偽計又は威力を用いて、会社の信用を毀損し、又は業務を妨害する行為その他これに準ずる行為をしてはならない。

■暴力団員による不当な
行為の防止等に関する
法律（平4.3.1施行）

■暴力的要求行為の禁止
（同法第9条）

解　説

□反社会的勢力への対応

・反社会的勢力への対応として、次のことを遵守します。

　(1) 暴力団、暴力団関係企業、総会屋等の反社会的勢力（以下、総称して「反社会的勢力」という）の構成員が自ら経営に実質的に関与していないこと

　(2) 取引先に反社会的勢力（実質的に関与している者等を含む）が存在していないこと

　(3) 反社会的勢力に対して資金提供又は便宜を供与する等、反社会的勢力の維持運営に協力、関与していないこと

## 第72条（個人情報及び特定個人情報保護義務）

> 　　従業員は、個人情報（特定個人情報を含む）について、別に定める個人情報保護規程に従い、業務上知り得た関係者等の個人情報（特定個人情報を含む）を正当な理由なく開示し、利用目的を逸脱して取扱い、又は漏えいしてはならない。在職中はもとより、退職後も同様とする。

▷個人情報保護規程

⇒参照：第9条（個人情報の取扱い）

| 解　説 |

| 個人情報（保護） | | |
|---|---|---|
| | 雇用管理に関する個人情報 | |
| | | 健康管理に関する個人情報 |

□個人情報保護の主旨

・今日の情報化社会において国及び地方公共団体の個人情報の取り扱いに対する施策と責務を明確にし、さらに民間事業者においても個人情報の取り扱いにおける遵守すべき義務について定め、個人情報の有用性に配慮しつつ、個人の権利、利益を保護する必要があります。

□雇用管理に関する個人情報

・(1) 労働者等の氏名

(2) 生年月日、連絡先（住所、居所、電話番号、メールアドレス等）、会社における職位又は所属に関する情報について、それらと労働者等の氏名を組み合わせた情報

(3) ビデオ等に記録された映像・音声情報のうち特定の労働者等が識別できるもの

(4) 特定の労働者等を識別できるメールアドレス情報（氏名及び所属する組織が併せて識別できるメールアドレス等）

(5) 特定の労働者等を識別できる情報が記述されていなくても、周知の情報を補って認識することにより特定の労働者等を識別できる情報（注：「周知の情報」の具体的内容は個別の事案ごとに判断することとなるが、原則として、特段の調査をすることなく、世間一般の不特定多数の者が知っている情報を指す。）

(6) 人事考課情報等の雇用管理に関する情報のうち、特定の労働者等を識別できる情報

(7) 職員録等で公にされている情報（労働者等の氏名等）

(8) 労働者等の家族関係に関する情報及びその家族につ

<法的根拠等>

■個人情報保護法
個人情報の保護に関する法律についてのガイドライン

〔通達〕雇用管理に関する個人情報のうち健康情報を取り扱うに当たっての留意事項の改正について（平24.6.11 基発0611 第 1 号、平 29.5.29 基 発 0529 第 6 号、平27.11.30 基 発 1130 第 2号）

◎「雇用管理分野における個人情報保護に関するガイドライン」（平24.5.14 厚生労働省告示第 357 号）

◎「雇用管理に関する個人情報の適正な取扱いを確保するために事業者が講ずべき措置に関する指針（解説）」（平17.3 厚労省）

いての個人情報

（「雇用管理に関する個人情報の適正な取扱いを確保するために事業者が講ずべき措置に関する指針（解説）」平17.3厚労省）

□健康管理に関する個人情報

・ガイドラインに定める雇用管理に関する個人情報のうち、健康診断の結果、病歴、その他の健康に関するものをいいます。なお、健康情報に該当するものの例として、次に掲げるものが挙げられます。

(1) 産業医が労働者の健康管理等を通じて得た情報

(2) 労働安全衛生法に基づき、事業者が作業環境測定の結果の評価に基づいて、労働者の健康を保持するため必要があると認めたときに実施した健康診断の結果（安衛法第65条の2第1項）

(3) 同法に基づき事業者が実施した健康診断の結果並びに労働者から提出された健康診断の結果（安衛法第66条第1項から第4項、第66条第5項及び第66条の2）

(4) 同法に基づき事業者が医師等から聴取した意見及び事業者が講じた健康診断実施後の措置の内容（安衛法第66条の4及び第66条の5第1項）

(5) 同法に基づき、事業者が実施した保健指導の内容（安衛法第66条の7）

(6) 同法に基づく健康保持増進措置（THP：トータル・ヘルスプロモーション・プラン）を通じて事業者が取得した健康測定の結果、健康指導の内容等（安衛法第69条第1項）

(7) 労働者災害補償保険法（昭和22年法律第50号）第27条の規定に基づき、労働者から提出された二次健康診断の結果

(8) 健康保険組合等が実施した健康診断等の事業を通じて事業者が取得した情報

(9) 受診記録、診断名等の療養の給付に関する情報

▷健康管理に関する個人情報

■労働安全衛生法（昭47年法律第57号）

■労働者災害補償保険法（昭22年法律50号）

(10) 事業者が医療機関から取得した診断書等の診療に関する情報

(11) 労働者から欠勤の際に提出された疾病に関する情報

(12) (1) から (11) までに掲げるもののほか、任意に労働者等から提供された本人の病歴、健康診断の結果、その他の健康に関する情報

## 第73条（秘密保持契約）

　　従業員は、在職中又は退職後においても会社の事業上の秘密、ノウハウ、技術情報等の営業秘密のほか、人事情報、管理情報、プライバシー及びスキャンダル情報等いかなる情報であっても第三者に漏えい、開示、提供してはならない。

2　この規定に関し、会社は、従業員に対して入社時、役職、管理職、役員就任等の異動時及び退職時に、秘密保持に関する誓約書を求めることがある。

3　前項の契約を結ばない場合、入社時においてはその採用を取消し、異動時においては昇進の取消し又は懲戒処分の対象とすることがある。

▷秘密保持誓約書

▷秘密保持規程
・秘密の定義
・秘密の保管場所、方法
・責任者の設定　等

### 解　説

・会社内の事業上の秘密は会社固有の財産であり、その重要性が強く認識されており、最近の雇用流動化への対応として企業秘密防衛の重要性も増しています。従業員には、労働契約に基づく付随義務として信義則上、会社の事業上の秘密等を守る義務があります。

・営業秘密

・秘密保持契約（契約書）

・会社貸与のパソコン等については、会社でモニタリングができる規定が必要になる場合があります。

## 第74条（服務違反）

> 　従業員が、第65条に定める服務規律に反した言動により、再三の注意、改善指導にもかかわらず改善の余地がない場合、会社は、企業秩序を維持するために当該従業員に退職を促すことがある。
>
> 2　前項の場合に、従業員が同意したときは、合意退職とする。

▷退職を促す⇒退職勧奨

### 解　説

□服務違反

・第65条（服務規律）第7項「前各項の違反について、その内容、程度を考慮して懲戒処分を科すことがある」を定めます。しかし、服務規律違反を直ちに懲戒処分とすることに妥当性があるかどうかは、その内容、程度によります。情状により、懲戒処分を減じて退職勧奨を行うなどの対策も必要になります。

□退職勧奨

・「退職勧奨とは、会社が従業員に対して自発的な退職を促す行為である。退職勧奨自体に応じるか否かは従業員の自由である。したがって、退職勧奨の手続及び方法が社会通念上相当と認められる範囲を超えて、従業員に不当な心理的圧力を加えたり、その名誉感情を不当に害する発言をしない限り、退職勧奨は正当な行為として認められる。」（日本アイ・ビー・エム事件＝東京地裁平23.12.28)

〔注意〕

・規定にある「…当該従業員に退職を促し、…本人が同意した時は、合意退職とする」は、労働契約上は「合意による退職」、すなわち「合意退職」が成立することになります。しかし、「退職を促す」ということは、従業員本人は「会社を辞めるように言われた」、つまり「解雇された」と受け止めるおそれがあります。

　なお、雇用保険の離職理由には、「合意退職」の記載
欄はありません。記載例として
「会社からの働きかけによるもの」

(1) 解雇（重責解雇を除く）
(2) 重責解雇（労働者の責に帰すべき重大な理由
　　による解雇）
(3) 希望退職の募集又は退職勧奨
　　①事業の縮小又は一部休業廃止に伴う人員整理
　　　を行うためのもの
　　②その他（理由を具体的に）

# 第2節　勤務規律

## 第75条（出退勤）

　　従業員は、出社及び退社に際しては、次の事項を守らなければならない。

(1) 始業時刻には業務を開始できるように出勤し、終業時刻後は特別な用務がない限り速やかに退社すること

(2) 出退社の際は、本人自らタイムカードを打刻し、出退社の事実を明示すること

(3) 勤務時間外又は休日に出勤する場合は、会社の許可を得ること

### 解　説

□労働時間の適正な把握

・労基法では、労働時間、休日、深夜業等について規定を設けていることから、会社は、労働時間を適正に把握するなど労働時間を適切に管理する責務を有しています。しかしながら、現状をみると労働時間の把握に係る自己申告制の不適正な運用等に伴い、労基法に違反する過重な長時間労働、割増賃金の未払いといった問題が生じているなど、会社が労働時間を適正に管理していない状況も見られます。

このため行政通達（ガイドライン）は、「労働時間の適正な把握のために使用者が講ずべき措置」を具体的に明らかにしています。

〔通達〕労働時間の適正な把握のために使用者が講ずべき措置に関するガイドライン（平29.1.20 基発0120第3号）

## 第76条（入場禁止及び退場）

> 　会社は、従業員が次の各号のいずれかに該当する場合は、施設内への入場を禁止し、又は退場を命ずることがある。
> (1) 会社内の秩序及び風紀を乱し、又はそのおそれがあると思われるとき
> (2) 火気、凶器、毒物、薬物その他業務遂行に不要なものを携帯するとき
> (3) 酒気を帯び又は酒類を携帯するとき
> (4) その他会社が入場禁止を必要と認めたとき

解　説

□入退場の制限
・会社が企業秩序維持のため、従業員が企業秩序を乱すおそれのあるときは、これを避けるために必要な限度内で従業員の入場を禁止し、又は退場を命じることができます。これは、会社が従業員の労務の受領を拒否することですが、従業員の責によるものであることから賃金支払い義務は免れるものとされます。

## 第77条（所持品検査）

> 　会社は必要に応じて、その理由を明示のうえ、所持品の検査を行うことがある。この場合には、従業員はこれに応じなければならない。

解　説

□所持品検査
・所持品の検査は、まさにプライバシーの侵害にあたりかねない行為といえますが、従業員による個人情報、企業秘密、その他会社資料の持ち出しなどが情報漏えいの問

＜判例＞西日本鉄道事件（最二小昭43.8.2）
「所持品検査が就業規則その他明示の根拠に基づいて行わるときは、従業員は、個別的な場合にその方法や程度が妥当を欠く等特段の事情がない限り、検査を受忍すべき義務がある。」

題となりかねないので、このような規定を設けることにより、業務上必要な検査としておくことが求められます。ただし、やみくもに所持品を検査するのではやはり問題があるため、業務上の必要に応じて、その理由を明示（就業規則等）して行うことが必要です。

## 第78条（遅刻、早退、欠勤等）

　　従業員が、遅刻、早退若しくは欠勤をし、又は勤務時間中に私用外出するときは、会社に事前に申出て許可を受けなければならない。

2　事前に会社の許可を得ず、遅刻したときは、事後速やかに届出て、就業してもよいかどうかの許可を得なければならない。

3　傷病によりしばしば遅刻、早退若しくは欠勤をする場合、会社はその時間及び日数にかかわらず医師の証明書、又は診断書その他勤務しない事由を明らかにする証明書類を求めることがある。

4　賃金の取扱いについては、賃金規程による。

▷許可を要件とする

▷診断書等の要求

▷賃金規程

### 解　説

□遅刻・早退について

・遅刻・早退に際しては、あらかじめ所属長に届け出て承認又は許可を得ること、許可を得ず遅刻した場合には、事後、速やかに所属長に届け出て承認を受けること等の手続を明確にしておきます。

□欠勤について

・従業員に突然休まれては、正常な業務の運営に支障をきたすことがあります。しかし、傷病等によりやむを得ず休む必要が生じることもあり得えます。したがって、欠勤するときは、あらかじめ欠勤の事由と日数を所属長に届け出て承認を得ることにより、業務の運営にできるだ

■基本原則（信義則）民法第1条第2項
「権利の行使及び義務の履行は、信義に従い誠実に行わなければならない。」
　↓
（例）「労働契約を結び従業員となると、会社と従業員との間で信義則に伴う義務が生じる。」
①（債務の本旨に従う）労務提供義務
〔労働契約に基づく完全履行義務として、当日の業務を通常どおり（安全かつ完全に）遂行できる労務を持参する義務〕

け支障をきたさないよう規定を設けます。

・「事前、事後とも届出のない欠勤、遅刻や事後有給休暇
　扱いとした無断欠勤を理由とする解雇は有効」（湯川胃
　腸病院事件＝大阪地裁平 6.11.8）

□健康に問題のある従業員

・一定の期間にたびたび遅刻、欠勤があり、上司等が再三
　の注意指導しても改善されない場合、又は明らかに体調
　不良であると判断される場合等には、会社は、当該従業
　員に対して、医師による診察を勧めることが必要です。

□医師の証明書

・傷病による欠勤が続いたときに、医師の証明書又は診断
　書を提出させるのが一般的です。私傷病であれば健康保
　険の傷病手当金、業務上（又は通勤による）傷病であれ
　ば労災保険法の休業給付の申請書にも記載させることか
　ら「欠勤が連続して 4 日以上に及ぶときに提出させる」
　と規定する例が多いようです。

・従業員は労働契約上の付随義務として「完全履行の労務
　提供」があり、その履行のために自己保健義務を負って
　いると考えられます。

## 注意すべき条文の例示と解説

> 欠勤が、傷病による場合で、欠勤期間が 7 日以上
> に及ぶときは、医師の診断書を提出しなければなら
> ない。

・欠勤後の有給休暇への事後振替が恒常化している従業員
　に関しては、例え 1 日の欠勤であっても医師の診断を求
　める必要があります。本人の健康管理の面からも望まし
　くない状態であり、場合によっては詐病の可能性も考慮
　します。

## 第79条（無断欠勤）

> 　従業員が病気、その他やむを得ない理由によって欠勤するときは、その理由と日数を事前に会社に届出なければならない。なお、やむを得ない事情で事前に届出ができない場合は、事後速やかに会社に届出て承認を得なければならない。届出のないときは、無断欠勤とする。
>
> 2　傷病等によりしばしば欠勤する場合、会社は、その日数にかかわらず医師の証明書又は診断書、その他勤務しない事由を明らかにする証明書類を求めることがある。
>
> 3　賃金の取扱いについては、賃金規程による。

▷賃金規程

### 解　説

□欠勤、無届欠勤、無断欠勤の差異

・①欠勤 ･･･ 手続きを行っており認められた欠勤

　②無届欠勤 ･･･ 届出はできなかった（ない）もののその理由については正当性のあるもの⇒懲戒処分の対象

　③無断欠勤 ･･･ 届出もなく、かつ、その理由についても正当性のないもの。認められない欠勤（手続不備も含む）⇒酌量の余地なし。懲戒解雇の対象

・欠勤がしばしば繰り返される場合は、正常な業務運営に支障が生じることから制限をしたものです。無届による欠勤、遅刻等は懲戒処分の対象とし、度重なる無断欠勤等は懲戒解雇の事由となります。

□診断書の未提出

・欠勤が続く場合、会社は、診断書の提出を求め、医師の診断内容によっては休職を命じます。しかし、医師の診断書の提出がなく、欠勤理由も定かでない場合は、無断欠勤とみなします。なお、無断欠勤が続く場合は、本規則第27条(解雇)の定めによって解雇することもあります。「診断書の提出を再三指示したにもかかわらず提出がな

く、欠勤の理由を明らかにせず、治療見込み連絡のない
欠勤を無断欠勤とみなし解雇は有効」（安威川生コンク
リート工業事件＝大阪地裁昭 63.9.26）

# 第5章　賃金・退職金

## 第80条（賃　金）

> 　賃金の決定、締切及び支払日、計算及び支払方法並びに賃金改定に関する事項は、別に定める賃金規程による。

### 解　説

□賃金規程
・就業規則の一部として賃金規程を作成する場合に、「賃金（臨時の賃金を除く）の決定、計算及び支払いの方法、賃金の締切り及び支払いの時期並びに昇給に関する事項」を必ず定めます。

□賃金の支払
・賃金の支払は、通貨払いが原則です。しかし「使用者は、労働者の「同意」を得た場合には、賃金の支払について次の方法によることができる。（略）（労基則第7条の2)」と定められています。一般的な支払方法である銀行振込による賃金の支払は、労働者の合意に基づき、「指定」する銀行その他の金融機関に「振込」とされています。
・「同意」については、労働者の意見に基づくものである限り、その形式は問われません。
・「指定」とは、労働者本人名義の預貯金口座を指定することをいいます。
・「振込」とは、賃金の全額が所定の支払日に払い出し得ることをいいます。（昭63.1.1基発1号）

■賃金の定義（労基法第11条）
「この法律で賃金とは、賃金、給料、手当、賞与その他名称の如何を問わず、労働の対象として使用者が労働者に支払うすべてのものをいう。」

■賃金の支払（労基法第24条）
・通貨払
・直接払
・全額払
・毎月1回以上払
・一定の期日払の定め

■（就業規則の）作成及び届出の義務（労基法第89条）
「第2号　賃金（臨時の賃金等を除く。）の決定、計算及び支払の方法、賃金の締切り及び支払の時期並びに昇給に関する事項」

〔通達〕通勤定期乗車券（昭25.1.18基収130号、昭33.2.13基発90号）「設問の定期乗車券は法第11条の賃金であり、したがって、これを賃金台帳に記入し（略)」

<法的根拠等>

# 第 81 条（退職金）

> 退職金の決定、締切及び支払日、計算及び支払方法並びに退職金改定に関する事項は、別に定める退職金規程による。

▷退職金規程

## 解 説

□退職金規程

・就業規則の一部として退職金規程を作成する場合、「退職手当の定めをする場合においては雇用される労働者の範囲、退職手当の決定、計算及び支払いの方法並びに退職手当の支払い時期に関する事項」を定めます。

□退職手当

・労働協約、就業規則、労働契約書によってあらかじめ支給条件が明確である場合の退職手当は、労基法第 11 条の賃金であり、労基法第 24 条第 2 項の「臨時の賃金」等にあたります。（昭 22.9.13 発基 17 号）

□退職手当の保全

・「事業主は、労働契約又は労働協約、就業規則その他これに準ずるものにおいて労働者に退職手当を支払うことを明らかにしたときは、当該退職手当の支払いに充てるべき額として省令で定める額についての措置を講ずるよう努めなければならない。」（賃金の支払の確保等に関する法律第 5 条（退職手当の保全措置））とされています。ただし、次のものを除きます。

■（就業規則の）作成及び届出の義務（労基法第 89 条）
「第 3 号の 2 退職手当の定めをする場合においては、適用される労働者の範囲、退職手当の決定、計算及び支払の方法並びに退職手当の支払の時期に関する事項」

〔通達〕退職手当に関する事項の明記（昭 63.1.1 基発 1 号、平 11.3.31 基発 168 号）

〔通達〕賃金の意義（昭 22.9.13 発基 17 号）

■賃金の支払の確保等に関する法律第 5 条（退職手当の保全措置）

①中退共（中小企業退職金共済）

　国の制度

　中小企業限定

　掛金は1人月額5千円～3万円（掛金の助成あり）

　掛金は全額事業主負担

②特退共（特定退職金共済制度）

　掛金は1人月額3万円非課税（一口1000円で1人30口まで）

　掛金は全額事業主負担

## 注意すべき条文の例示と解説

退職金は、従業員が退職した後7日以内に支払う。

・退職金は賃金に該当し、労基法第23条第1項で、「労働者の退職の場合に労働者からの請求があれば、7日以内に支払わなければならない」ものとされています。ただし、就業規則に支払い時期が定められていれば、その時期に支払うことで足ります。したがって、7日以内に支払う必要がなければ、任意の支払い時期を定めることができます。

# 第6章　賞　罰

<法的根拠等>

## 第82条（表　彰）

> 従業員が、次の各号のいずれかに該当する場合に
> は、その都度審査のうえ表彰する。
> (1) 品行方正、技術優秀、業務熱心で他の者の模範と
> 　　認められるとき
> (2) 災害を未然に防止し、又は災害の際特に功労の
> 　　あったとき
> (3) 業務上有益な発明、改良、又は工夫、考案のあっ
> 　　たとき
> (4) 永年にわたり無事故で継続勤務したとき
> (5) 前各号に準ずる程度に善行又は功労があると認め
> 　　られるとき
> 2　前項の表彰は、賞状の他、賞品又は賞金を授与し
> 　てこれを行う。

■（就業規則の）作成及
　び届出の義務（労基法
　第89条）
第9号　表彰及び制裁の
定めをする場合におい
ては、その種類及び程度に
関する事項

### 解　説

・商品又は賞金の価格によっては、税法上の課税対象とな
　る場合があるため注意を要します。また、健康保険・厚
　生年金保険料の取扱いについても確認します。
・永年勤続者に支給する記念品などで非課税扱いとされる
　ものの中に金銭は含まれていないので、記念品に代えて
　金銭を支給する場合には、給与所得として課税しなけれ
　ばなりません。また、この金銭には、商品券等のように
　換価が容易で、その実質が金銭と同様に扱われるものも
　含まれます。(所得税法第36条(収入金額)、基通36-21(課
　税しない経済的利益…永年勤続者の記念品等))

　　　　　（令和2年版「源泉所得税の実務」沢田佳宏編）

## 第 83 条（懲戒の種類）

> 懲戒はその情状により次の区分により行う。
> (1) 譴　　責　始末書を取り、将来を戒める。
> (2) 減　　給　始末書を取り、1 回の額が平均賃金の1 日分の半額以内、総額が一賃金支払期における給与総額の 10 分の 1 以内で減給する。
> (3) 出勤停止　始末書を取り、14 日以内の出勤を停止し、その期間中の賃金は支払わない。
> (4) 諭旨解雇　懲戒解雇相当の事由がある場合で、本人に反省が認められるときは退職願を提出するように勧告する。ただし、勧告に従わないときは懲戒解雇とする。
> (5) 懲戒解雇　予告期間を設けることなく即時解雇する。この場合に、所轄労働基準監督署長の認定を受けたときは、予告手当（平均賃金の 30 日分）を支給しない。

## 解　説

□懲戒の合理性
・会社が懲戒権を有するためには、「その種類と程度に関する事項」を限定的に定める必要があります。これを「限定列挙」といいます。懲戒権というのは、会社が就業規則にその懲戒の種類と事由を定めることにより行使が可能になる権利です。
・会社が、従業員と労働契約を締結すると、労働契約に付随した義務も負うことになります。会社が定める懲戒は、そうした付随義務に違反したときに科されるものです。したがって、懲戒処分を規定してる場合、労働契約の締結の際には、その内容を提示し、違反していると判断したときは懲戒処分を科すことを説明しておきます。
□企業秩序違反
・「企業秩序は、企業の存立と事業の円滑な運営に必要不

＜法的根拠等＞

■懲戒（労契法第 15 条）
使用者が労働者を懲戒することができる場合において、当該懲戒が（略）、その権利を濫用したものとして、当該懲戒は無効とする。

〔通達〕労働契約法の施行について（懲戒）（平20.1.23 基発 0123004 号）

〔通達〕制裁の種類（昭22.9.13 発基 17 号）

■制裁規定の制限（労基法第 91 条）減給の制裁

〔通達〕制裁の限度（1 回の額・総額）（昭 23.9.20基収 1789 号）

〔通達〕減給制裁の制限（昭 25.9.8 基収 1338 号）

〔通達〕出勤停止（昭23.7.3 基発 2177 号）
出勤停止の期間については、公序良俗の見地より当該事犯の情状の程度等により制限のあるべきことは当然である。

<判例>富士重工業事件（最三小昭 52.12.13）

可欠なもの・・・、（企業は、）企業秩序を維持確保するため、あるいは具体的に労働者に指示、命令することができ、また、企業秩序に違反する行為があった場合には、その内容、態様、程度等を明らかにして、乱された企業秩序の回復に必要な業務上の指示、命令を発し、又は違反者に対し制裁として懲戒処分を行うため、事実関係の調査をすることができる。（中略）労働者は、労働契約を締結して、企業に雇用されることによって、企業に対し、労務提供義務を負うとともに、これに付随して、企業秩序遵守義務その他の義務を負う。」（富士重工業事件＝最三小昭52.12.13）

□制裁を行う場合の留意点

・制裁を行うにあたっては、以下の点に注意する必要があります。

(1) 違反行為の発生、又は発覚から時間をおかず、速やかに対応する

(2) 就業規則に明確に違反行為及び該当する懲戒内容を定め、明示する

(3) 恣意的な運用をしない

(4) 違反を繰り返す、注意しても改善しないなどの場合は、徐々に処分を重くする

(5) 口頭注意など指導履歴を残す

(6) 指導内容に不備がないかチェックする

(7) 始末書不提出のみをもっての解雇は困難

(8) 懲戒処分決定後の処分理由の追加は不可

　※例えば、懲戒解雇後に金品横領の事実が発覚しても、懲戒解雇の理由に追加できない。

▷懲戒規定運用上の留意点

(1)罪刑法定主義の原則
＜裁判例＞蒲商事件（大阪地裁平3.8.27）
「使用者と従業員との間に、懲戒解雇事由につき、法律、就業規則等による具体的定めがなければ、使用者は、たとえ従業員に企業秩序違反の行為があったとしても、その労働者を懲戒解雇することはできない。」

(2)平等取り扱いの原則
＜裁判例＞茨城急行自動車事件（東京地裁昭58.7.19）

(3)相当性の原則
＜判例＞ダイハツ工業事件（最二小昭58.9.16）
使用者の懲戒権の行使が客観的に合理的理由を欠き、社会通念上相当として是認できない場合は権利の濫用として無効となる。

(4)適正手続き
＜裁判例＞西日本短期大学事件(福岡地裁平4.9.9)

□懲戒の区分と程度

(1) 労働契約の存続を前提とするもの

| 号 | 区分 | 違反の程度 | 処分 |
|---|---|---|---|
| 1 | 譴責 | 軽度 | 始末書の提出<br>口頭での注意<br>行為や過失の反省を求めて将来を戒める |
| 2 | 減給 | 比較的重度 | 始末書の提出<br>賃金から一定額を控除<br>1回の額が平均賃金の1日分の2分の1を、総額が当該賃金支払期間における賃金の総額の10分の1を超えない範囲において給与を減ずる |
| 3 | 出勤停止 | 重度 | 始末書の提出<br>30日以内の出勤停止とし、その期間の賃金は支払わない |
| 4 | 降格 | | 始末書の提出<br>職務変更 |

(2) 労働契約の解消を結果とするもの

| 号 | 区分 | 違反の程度 | 処分 |
|---|---|---|---|
| 5 | 諭旨退職 | 重大で従業員として不適格 | 情状酌量することが認められるので退職願を提出するように勧告する。諭旨退職となる者には、退職金の一部を支給しない。勧告に従わないときは、懲戒解雇とする |

<法的根拠等>

| 6 | 懲戒解雇 | 悪質・重大で従業員として不適格 | 即時解雇とし退職金は支給しない。この場合、行政官庁の認定を受けないときは、平均賃金の30日分を支給する |
|---|---|---|---|

□懲戒処分と始末書との関係

・通常、懲戒処分の一部として始末書提出命令を行いますが、この場合、会社は、まず法律行為としての譴責行為（譴責処分）を行い、次にそれによって発生した法律効果を実現するために事実行為としての譴責行為（始末書の提出）を求めます。

□制裁と賃金

・「出勤停止期間中の賃金の取り扱いについては、就業規則に出勤停止及びその期間中の賃金を支払わない定めがある場合において、労働者がその出勤停止の制裁を受けるに至った場合、出勤停止期間中の賃金を受けられないことは、制裁としての出勤停止の当然の結果であって、通常の額以下の賃金を支給することを定める減給制裁に関する法第91条の規定には関係はない。」（昭23.7.3 基収2177号）

〔通達〕出勤停止（と賃金）（昭23.7.3 基収2177号）

■表彰及び制裁の定めをする場合においては、その種類及び程度に関する事項（労基法第89条第9号）

□懲戒と就業規則

・懲戒権は懲戒の種類及び事由を就業規則に明記して初めて行使できるものとされています。「（規則、指示命令等）に違反する・・・場合には、企業秩序を乱すものとして、当該行為者に対し、・・・規則の定めるところに従い制裁として懲戒処分を行うことができる。」（国鉄札幌運転区事件＝最三小昭54.10.30）。

<判例>国鉄札幌運転区事件（最三小昭54.10.30）

□懲戒処分の意味

・懲戒処分の意味として、制裁的機能と教育的機能があります。制裁的機能としては、判例に「労働者は労働契約を締結したことによって企業秩序遵守義務を負い、使用者は労働者に対し、制裁罰である懲戒を課すことができ

<判例>関西電力事件（最一小昭58.9.8）

る」（関西電力事件＝最一小昭 58.9.8）としています。

・教育的機能としては、「周囲に対して本来あるべき行動
を明確にすることにより、類似事例の再発防止など企業
秩序の維持を図ることができる」こと、また「本人の非
違行為を戒めることにより、企業の構成員としてふさわ
しい行動が何かを再教育し、立ち直りの機会を与える」
ことが考えられます。

□弁明

・「懲戒を行うときは、弁明の機会を与え事情をよく聴取
するなど、適正な手続によるべきものとされている。」（西
日本短期大学事件＝福岡地裁平 4.9.9）

＜裁判例＞西日本短期大
学事件(福岡地裁平 4.9.9)

・懲戒の規定の方法としては、懲戒事由すべてを列挙し、
どの段階の懲戒とするかその都度判断する方法と、懲戒
の種類ごとに懲戒事由を列挙する方法とがあります（本
事例では後者）。

会社の秩序を維持するために、従業員がどのような行動
をしてはならないのかを認識させるべきであり、懲戒の
内容を理解するためには、懲戒のそれぞれの種類とこれ
に対応した懲戒事由を定めておきます。

□懲戒の種類と事由の対応関係

| パターン（1） | 懲戒の種類に対応して懲戒事由が規定されているもの。［譴責］・・・懲戒事由［減給］・・・懲戒事由 |
|---|---|
| パターン（2） | 複数の懲戒の種類に対応して懲戒事由が規定されているもの。軽い種類（例えば譴責、減給等）と重い種類（例えば論旨解雇、懲戒解雇等）の2つのグループに分けられている場合が多い。 |

<法的根拠等>

| パターン（3） | 懲戒の種類と懲戒事由がそれぞれ独立して規定され、従業員の具体的な非違行為に対して一定の懲戒事由が適用され、それに対応する懲戒の種類の決定は会社の裁量に委ねられているもの。 |

・懲戒規定運用上の留意点
・罪刑法定主義の原則
　「使用者と従業員との間に、懲戒解雇事由につき、法律、就業規則等による具体的定めがなければ、使用者は、たとえ従業員に企業秩序違反の行為があったとしても、その労働者を懲戒解雇することはできない。」（蒲商事件＝大阪地裁平 3.8.27）
・平等取り扱いの原則
　茨城急行自動車事件（東京地裁昭 58.7.19）
・相当性の原則
　使用者の懲戒権の行使が客観的に合理的理由を欠き、社会通念上相当として是認できない場合は権利の濫用として無効となる。（ダイハツ工業事件＝最二小昭 58.9.16）
・適正手続
　西日本短期大学事件（福岡地裁平 4.9.9）

# 第84条（譴責・減給・出勤停止）

　従業員が、次の各号のいずれかに該当する場合は、情状に応じ譴責、減給又は出勤停止とする。

(1) 正当な理由なく欠勤をしたとき

(2) 正当な理由なくしばしば遅刻、早退し、又はみだりに業務から離れる等誠実に勤務しないとき

(3) 過失により会社に損害を与えたとき

(4) 虚偽の申告、届出を行ったとき

(5) 重大な報告を疎かにした、又は虚偽の報告を行ったとき

(6) 職務上の指揮命令に従わず職場秩序を乱したとき

(7) 素行不良で、会社内外問わず、秩序又は風紀を乱したとき（セクシュアルハラスメント、いじめ・嫌がらせ及び職場のパワーハラスメントを含む。）

(8) 妊娠、出産、育児休業等に関する言動により就業環境を害したとき

(9) 会社内外問わず、暴行、脅迫、傷害、暴言又はこれに類する行為をしたとき

(10) 会社に属するコンピュータ、電話（携帯電話を含む。）、ファクシミリ、インターネット、電子メールその他の備品を無断で私的に使用したとき

(11) 過失により会社の建物、施設、備品等を汚損、破壊、使用不能の状態等にしたとき、又は電子媒体等に保存された情報を消去又は使用不能の状態にしたとき

(12) 過失により会社のメモリー、ハードディスク等に保存された情報を消去又は使用不能の状態にしたとき

(13) 会社及び会社の従業員、又は関係取引先を誹謗若しくは中傷し、又は虚偽の風説を流布若しくは宣伝し、会社業務に支障を与えたとき

(14) 会社及び関係取引先の秘密及びその他の情報を
　　漏らし、又は漏らそうとしたとき

(15) 職務に対する熱意又は誠意がなく、怠慢で業務
　　に支障が及ぶと認められるとき

(16) 職務の怠慢又は監督不行届きのため、災害、傷
　　病又はその他の事故を発生させたとき

(17) 職務権限を越えて重要な契約を行ったとき

(18) 信用限度を超えて取引を行ったとき

(19) 偽装、架空、未記帳の取引を行ったとき

(20) 部下に対し必要な指示、注意、指導を怠ったと
　　き

(21) 部下の懲戒に該当する行為に対し、監督責任が
　　あるとき

(22) 正当な理由なく、上司の指示による業務の引継
　　ぎをしなかったとき

(23) 第4章（服務）に違反したとき

(24) その他この規則及び諸規程に違反し、又は非違
　　行為若しくは前各号に準ずる不都合な行為があっ
　　たとき

## 解　説

・原則、就業規則及び懲戒規定に定められた懲戒事由以外
　の事由では、懲戒解雇を行うことはできないとされ、懲
　戒権の濫用ともとられかねないので、第24号のような
　包括的条項を入れておく必要があります。

# 第 85 条（懲戒解雇・諭旨解雇）

　　従業員が、次の各号のいずれかに該当する場合は、諭旨解雇又は懲戒解雇に処する。ただし、情状により減給又は出勤停止とすることがある。

(1) 正当な理由なく、欠勤が 14 日以上に及び、出勤の督促に応じない又は連絡が取れないとき

(2) 正当な理由なくしばしば遅刻、早退又は欠勤を繰り返し、再三の注意を受けても改めないとき

(3) 正当な理由なく、しばしば業務上の指示又は命令に従わないとき

(4) 故意又は重大な過失により、会社に重大な損害を与えたとき

(5) 重要な経歴を偽り採用されたとき、及び重大な虚偽の届出又は申告を行ったとき

(6) 重大な報告を疎かにし、又は虚偽の報告を行った場合で、会社に損害を与えたとき又は会社の信用を害したとき

(7) 正当な理由なく、配転・出向命令等の重要な職務命令に従わず、職場秩序を乱したとき

(8) 素行不良で、会社内外問わず、著しく秩序又は風紀を乱したとき（セクシュアルハラスメント、いじめ・嫌がらせ及び職場のパワーハラスメントによるものを含む。）

(9) 妊娠、出産、育児休業等に関する言動により著しく就業環境を害したとき

(10) 不法に辞職を強要し、又は暴行を加え若しくはその業務を妨害したとき

(11) 会社内外問わず、再三にわたり暴行、脅迫、傷害、暴言を行ったとき、また、これに類する重大な行為をしたとき

(12) 会社に属するコンピュータによりインターネット、電子メール等を無断で私的に使用して猥褻物等を送受信したとき

(13) コンピュータ等を使用し、インターネット、電子メール、SNS 等を使用して猥褻物等を送受信、他に対する嫌がらせ、セクシュアルハラスメント等反社会的行為をしたとき

(14) インターネット、電子メール等を利用して、個人情報及び故意に加工した嘘の情報並びに曲解した情報を意図的に流出させる行為をしたとき

(15) 故意又は重大な過失によって会社の建物、施設、備品等を汚損、破壊、使用不能の状態等にしたとき

(16) 故意又は重大な過失によってメモリー、ハードディスク等の会社の重要な情報を消去若しくは使用不能の状態にしたとき

(17) 会社及び会社の従業員、又は関係取引先を誹謗若しくは中傷し、又は虚偽の風説を流布若しくは宣伝し、会社業務に重大な支障を与えたとき

(18) 会社及び関係取引先の重大な秘密及びその他の情報を漏らし、あるいは漏らそうとしたとき

(19) 再三の注意及び指導にもかかわらず、職務に対する熱意又は誠意がなく、怠慢で業務に支障が及ぶと認められるとき

(20) 職務の怠慢又は不注意のため、重大な災害、傷病又はその他事故を発生させたとき

(21) 職務権限を超えて重要な契約を行い、又は会社に損害を与えたとき

(22) 信用限度を超えて取引を行い又は会社に損害を与えたとき

(23) 偽装、架空の取引等を行い、会社に損害を与え又は会社の信用を害したとき

(24) 会社内外問わず、窃盗、横領、背任又は傷害等
　　刑法等の犯罪に該当する行為をしたとき

(25) 傷害等刑法等の犯罪に該当する行為をしたとき

(26) 刑罰法規の適用を受け、又は刑罰法規の適用を
　　受けることが明らかとなり、会社の信用を害した
　　とき

(27) 会計、経理、決算、契約にかかわる不正行為又
　　は不正と認められる行為等、金銭、会計、契約等
　　の管理上ふさわしくない行為をし、会社の信用を
　　害すると認められるとき

(28) 前条の制裁を受けたにもかかわらず、あるいは
　　再三の注意、指導にもかかわらず改悛又は改善の
　　見込みがないとき

(29) 業務上・外にかかわらず飲酒運転をしたとき

(30) 第4章（服務）に違反する重大な行為をしたと
　　き

(31) その他この規則及び諸規程に違反し、又は非違
　　行為を繰り返し、若しくは前各号に準ずる重大な
　　行為をしたとき

▷非違行為 … 違法行為
　のこと。

2　前項第1号に該当する場合で、行方が知れず懲戒
　解雇処分の通知が本人に対しできないときは、家族又
　は届出住所への郵送により懲戒解雇の通知が到達した
　ものとみなす。

解　説

・制裁（懲戒）事由の条文例として、上記「無断欠勤が14
　日以上」の場合に懲戒解雇とする規定例がありますが、
　この規定例について検証してみます。

(1)「無断欠勤14日について」

　労基法第20条（解雇の予告）の解雇予告除外事由に係
　る通達（昭31.3.1基発111号）によれば、労働者の責め
　に帰すべき事由として「原則として2週間以上正当な理

由なく無断欠勤し、出勤の督促に応じない場合」が挙げられます。

・「正当な理由なく」の判断 ⇒ 使用者に立証責任
・使用者による「出勤の督促」⇒ 条件
　※無断欠勤（又は行方不明）の場合に「出勤の督促」が
　　できるか
　　⇒ 不可

・解雇事由としては不十分
　⇒ 労契法第16条により無効と判断される可能性がある
　(2)「無断欠勤者」の解雇について
　　仮に「無断欠勤者14日」が解雇事由として妥当性があるとした場合でも、解雇（懲戒）の意思表示をいかに相手方に到達させるのかという問題が生じます。そこで法律上は、公示送達による意思の到達を定めます。
・簡易裁判所に公示送達の申立
　⇒ 公示後2週間経過した時点
　⇒ 解雇の意思表示が本人に到達したものとみなす

▷公示送達
　送達すべき書類をいつでも交付する旨を簡易裁判所の掲示場に掲示することによってされる。（公示送達の申立）
・公示送達のための掲示を始めた日から2週間を経過した時に相手方に到達したものとみなされる。（解雇の意思表示の到達）

①無断欠勤開始 ----------------------┐
　　↓　数日後　　　　　　　　　　　　│
②会社が無断欠勤確認　　　　　　　14日経過
　　↓　督促 → 連絡取れず　　　　　　│
③14日→就業規則の制裁事由の成立 ----┤
　　　　　　　　　　　　　　　　　　数日
④公示送達手続 ----------------------┘
　　↓　　　　　　　　　　　　　　14日経過
⑤2週間後 → 本人に解雇の意思が到達したとみなされる

(3)「無断欠勤者14日」と労働基準法について
　労基法第20条（解雇の予告）で使用者が解約（解雇）の申入れをする場合の予告は30日で特例的に運用され

163

ています。

・民法第 627 条・・・2 週間

・労基法第 20 条・・・30 日

「無断欠勤 14 日」の事実をもって解雇事由が生じたとし
て、次に解雇の意思表示をせざるを得ないことになる。

・無断欠勤日

    ↓　14 日経過

・15 日目 → 解雇の意思表示　　　　　　労働契約
　　　　　　　　　　　　　　　　　　　　　は存続
　　　　　　↓翌日から起算する 30 日後

・解雇の効力が発生

(4) 結論

「無断欠勤 14 日」の取扱いについては、労働基準法第
20 条との均衡からその猶予期間を「30 日」に延長した
うえで、「解雇」ではなく「規定退職」で対応すること　　▷規定退職
ができます。

就業規則に合理的な定めがあり、周知されていれば、そ
の就業規則は合理的な労働契約の内容としての効力を有
する。

⇒ 労契法第 7 条（労働契約の成立）

例えば、「労働者の所在が不明（無断欠勤）となり、30
日以上連絡が取れないときで、解雇手続を取らないとき
は、30 日を経過した日をもって退職とする」といった規
定は、労基法第 20 条との均衡から合理的なものと判断
されます。したがって、当該規定をもって行方不明の従
業員を退職扱いとすることが可能です。

・合理的な規定を定めた就業規則は法的規範性を有するた
め、知らなかった又は本人が同意していないからといっ
て適用されないといったことはありません。すなわち、
行方不明となった者は、30 日間所在が不明であれば労働
契約関係が終了することを「了知した上で」行方を眩ま

したと判断することが可能となります。

（一般的な手順）

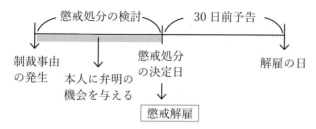

▷民法の一般原則により「予告日」と「解雇効力発生日（解雇の日）」の間に 30 日の期間をおく必要があり、この 30 日は労働日ではなく暦日である。

例

## 注意すべき条文の例示と解説

> 懲戒解雇事由に該当したときは、予告期間を設けないで即時解雇する。

・この条文では、懲戒解雇であれば簡単に解雇できると判断される可能性があります。

> 懲戒解雇事由に該当したときは、所轄労働基準監督署長の認定を得たうえで、予告期間を設けず即時解雇する。

・この条文は、所轄労働基準監督署の認定を解雇の要件としているので適切ではありません。解雇要件はあくまでも就業規則に定める懲戒事由です。所轄労働基準監督署長は、当該事実を認定するのみです。

# 第86条（自宅待機・就業拒否）

> 懲戒処分審議の間に、調査及び処分決定までの前措置として必要な場合には、会社は、従業員に対し自宅待機を命ずることがある。
>
> 2 自宅待機を命じられた場合は、自宅待機していること自体が労務の提供であり、勤務時間中自宅に待機し、会社が出社を求めたときには、直ちにこれに応じられる態勢をとり、正当な理由なくこれを拒否することはできない。また、自宅待機中は、通常の賃金を支払う。
>
> 3 従業員の行為が懲戒解雇事由に該当し、若しくはそのおそれがある場合又は不正行為の再発若しくは証拠隠滅のおそれがある場合は、会社は調査及び審議が終了するまでの間、就業を拒否することがある。この場合、その期間中は賃金を支給しない。

## 解　説

・自宅待機には懲戒処分として命じるもの（出勤停止）のほかに、例えば従業員の言動で職場秩序の乱れを改善するため、又は不正行為が発覚して調査・処分決定までの間の前措置のために行うことがあります。自宅待機をめぐっては争いが少なくなく、慰謝料請求又は賃金請求等トラブルになりやすいのが実情です。このため、就業規則に規定を設け目的を明らかにします。

▷出勤停止と賃金支払義務
＜裁判例＞日通名古屋製鉄作業事件（名古屋地裁平 3.7.22）
「自宅謹慎命令につき、その間の賃金支払義務を認めた例」

□自宅待機の性格

・自宅待機には二つの性格があります。一つは自宅待機していること自体を労務提供の業務命令とする場合で、当然賃金は支払う必要があります。もう一つは、使用者が労務提供を拒否している場合ですが、これも使用者の責に帰すべき事由による休業として休業手当又は賃金請求権があるとされています。ただし、後者の労務提供拒否の理由が、従業員の行為が懲戒解雇に相当するような悪

■休業手当（労基法第26条）
平均賃金の 100 分の 60 以上の手当

■平均賃金（労基法第12条）

※賃金請求権

質な行為であり、かつ、実態の正確な把握、調査及び不
正行為の再発を防ぐことが目的といった特段の事由があ
れば、当該従業員の責によるとして賃金請求権が否定さ
れると考えられます。

## 第87条（損害賠償）

■賠償予定の禁止（労基
法第16条）

〔通達〕賠償予定の禁止
（昭22.9.13発基17号）
「金額を予定することを
禁止するのであって、現
実に生じた損害について
賠償を請求することを禁
止する趣旨ではない。」

> 　従業員及び従業員であった者が故意又は重大な過
> 失によって会社に損害を与えたときは、損害の全部又
> は一部の賠償をさせることがある。ただし、損害賠償
> を行ったことによって懲戒を免れることはできない。

### 解　説

・制裁罰を受けるようなルール違反があるからといって、
当然に損害賠償請求ができるわけではなく、損害賠償請
求を行うには、具体的に損害が発生していること、その
金額が特定できることが求められます。ただし、金額が
特定できたとしても、その全額を従業員の過失として求
めることができるかどうかは、公序良俗により適切かど
うかで判断されます。判例においても「信義則上相当と
認められる程度でしか請求できない」（茨城石炭商事事
件＝最一小昭51.7.8）とされ、一定の額に制約があるので、
実際の運用にあたっては従業員の情状及び会社側の管理
体制及び指導体制がどのようなものであったのかにもよ
ります。

＜判例＞茨城石炭商事事
件（最一小昭51.7.8）

# 第7章　安全・衛生

## 第88条（安全及び衛生）

> 　　会社は、従業員の安全及び衛生の確保のため必要な措置を講じる。
> 2　従業員は、安全及び衛生に関する諸法令及び会社の諸規定を守り、災害の防止と健康の保持増進に努めなければならない。

### 解　説

□安全配慮義務

・そもそも会社には、安衛法によって事業者に対し労働災害の危険防止の措置を講じなければならない義務があり、また、法令に定める以外にも雇用契約に基づく「安全配慮義務（川義事件＝最三小昭59.4.10）」があり、従業員には労働安全衛生法等の法令のほかに会社が定める規則の遵守、職場環境の維持継続等が求められます。

・安衛法は「職場における労働者の安全と健康を確保するとともに、快適な職場環境の形成を促進することを目的（第1条）」とし、事業者に対して「この法律で定める労働災害の防止のための最低基準を守るだけでなく、快適な職場環境の実現と労働条件の改善を通じて職場における労働者の安全と健康を確保するようにしなければならない（第3条第1項）」と義務を課しています。

・また、安衛法では事業の規模及び業種に応じて
  (1) 総括安全衛生管理者（同第10条）
  (2) 安全管理者（同第11条）
  (3) 衛生管理者（同第12条）
  (4) 産業医（同第13条）
  (5) 安全委員会（同第17条）
  (6) 衛生委員会（同第18条）・・・50人以上

<法的根拠等>

■労働者の安全への配慮
（労契法第5条）
「使用者は、労働契約に伴い、労働者がその生命、身体等の安全を確保しつつ労働することができるよう、必要な配慮をするものとする。」

〔通達〕安全への配慮（平24.8.10 基発 0810 第2号、平 24.10.26 基発 1026 第1号）
労働災害における債務不履行を根拠に損害賠償責任を認める法的根拠として「安全配慮義務」に関する判示を確立した。

<判例>陸上自衛隊事件（最三小昭50.2.25）
<判例>川義事件（最三小昭59.4.10）

■信義誠実の原則（民法第1条第2項）

■事業者の講ずべき措置等（安衛法第20条、第27条）

■目的（安衛法第1条）
事業者等の責務（同法第3条）

▷安全管理規程
▷安全衛生管理規程
▷衛生管理規程
▷衛生委員会規則

▷従業員の規模
10～49人：
安全衛生推進者・衛生推進者
50～99人：
安全管理者、衛生管理者、産業医
100人～：
総括安全衛生管理者

(7) 安全衛生委員会（同第 19 条）

の設置を義務づけています。

□衛生委員会の審議事項の追加

・労働安全衛生規則が改正（平 18 厚労省令 1 号、平 18.1）
され、衛生委員会の付議事項に、長時間労働による労働
者の健康障害の防止及び労働者の精神的健康の保持増進
を図るための対策の樹立に関する事項が追加されました
（第 22 条第 9 号、第 10 号）。

■改正労働安全衛生規則
（平 18 厚労省令 1 号、
平 18.1）

□安全委員会の審議事項

・(1) 安全に関する規程の作成に関すること

(2) 危険性又は有害性等の調査及びその結果に基づき講
ずる措置のうち、安全に係るものに関すること

(3) 安全に関する計画の作成、実施、評価及び改善に関
すること

(4) 安全教育の実施計画の作成に関すること

□衛生委員会の審議事項

・(1) 衛生に関する規程の作成に関すること

(2) 衛生に関する計画の作成、実施、評価及び改善に関
すること

(3) 衛生教育の実施計画の作成に関すること

(4) 定期健康診断等の結果に対する対策の樹立に関する
こと

(5) 長時間にわたる労働による労働者の健康障害の防止
を図るための対策の樹立に関すること

▷審議事項の追加

(6) 労働者の精神的健康の保持増進を図るための対策の
樹立に関すること

▷審議事項の追加

## 第89条（災害防止のための遵守事項）

> 従業員は、災害防止のために次の事項を遵守しなければならない。
> (1) 消防具、救急品の備え付けの場所並びにその使用方法を習得しておくこと
> (2) 常に職場を整理整頓し、特に火気の取り扱いに注意し、災害の発生を未然に防止すること
> (3) ガス、有害物質、有害試薬、火気の取扱は、所定の方法に従い特に慎重に行うこと
> (4) 喫煙は所定の場所以外で行わないこと
> (5) 火災その他非常災害の発生を発見し、又はその危険があることを知ったときは、臨機の処置を取ると共に、直ちにその旨を担当者その他居合せた者に連絡し、その被害を最小限に止めるよう努めること
> (6) その他安全に関する責任者及び会社の指示、注意を遵守すること

<法的根拠等>

■健康増進法　東京都受動喫煙防止条例（令2.4.1 全面施行）
⇒原則屋内禁煙

▷非常時対応連絡網の整備

■中高年齢者等についての配慮(安衛法第62条)
「事業者は、中高年齢者その他労働災害の防止上その就業に当たって特に配慮を必要とする者については、これらの者の心身の条件に応じて適正な配置を行なうように努めなければならない。」

## 解　説

□労働災害防止
・そもそも会社には、労働者が労務提供のために設置する場所、設備若しくは器具などを使用し、又は使用者の指示のもとに労務を提供する過程において、労働者の生命及び身体等を危険から保護するよう配慮すべき義務があります。「安全配慮義務（川義事件＝最三小昭59.4.10)」があり、従業員には安全衛生等の法令の他に会社が定める規則の遵守、職場環境の維持継続等が求められます。

<判例>川義事件（最三小昭59.4.10)

## 第 90 条（安全衛生教育）

　　会社は、従業員に対して、当該従業員が次のいずれかに該当する場合には、その業務に関する安全衛生のために必要な事項について教育を行う。
(1) 異なる作業に転換させるとき
(2) 作業設備、作業方法その他作業に関する大幅な変更を行うとき
2　従業員は、前項に基づき会社が行う安全衛生教育を受けなければならない。

■特別教育を必要とする
　業務（安衛則第 36 条）

＜通達＞安全衛生教育
の時間（昭 47.9.18 基発
602 号）

解　説

□安全衛生教育
・会社は、安全管理者、衛生管理者その他、労働災害防止のための業務に従事する者に対しては、そのものが従事する業務に関する能力の向上を図るため、必要な教育を行う。（安衛法第 59 条、第 60 条、第 60 条の 2）
□配置前、作業変更時教育
・会社は、一時及び作業内容の変更時においては、当該労働者に対し安全又は衛生のために必要な教育を行う。（安衛則第 35 条）

■安全衛生教育（安衛法
　第 59 条、第 60 条、第
　60 条の 2）

■雇入れ時等の教育（安
　衛則第 35 条）

## 第 91 条（就業制限）

　　会社は、法令に定める危険又は有害な業務若しくは重量物を取扱う業務に女性及び年少者である従業員を就かせない。
2　法令に定める危険業務に必要な技能又は経験のない従業員を就かせない。

解　説

□危険・有害・重量物の取扱い
・会社は、従業員に「危険・有害・重量物」の取り扱う業務に就かせる場合に、次のことについて留意します。

■クレーン運転その他の
　業務で免許等を必要と
　する業務の就業制限（安
　衛法第 61 条）

<法的根拠等>

(1) 未経験者を特に危険又は有害な業務に就かせる場合は、安全衛生教育を行い、その直接の監督者に対しても安全衛生教育を行い、一定期間は経験者による指導の下に経験をさせたうえで行うこと

(2) 満18歳未満の者を重量物を取り扱う業務、危険な業務又は安全衛生上若しくは福祉に有害な場所における業務に就かせないこと

■危険有害業務についての年少者(満18歳未満)に対する就業制限（労基法第62条）

(3) 妊娠中及び産後1年を経過しない女性従業員を、法令で制限される重量物を取り扱う業務その他妊産婦の妊娠、出産、保育などに有害な業務に就かせないこと

(4) (3) 以外の女性従業員を、重量物を取り扱う業務その他法令で禁止する業務に就かせないこと

■危険有害業務についての妊産婦に対する就業制限（労基法第64条の3）

## 第92条（就業禁止）

会社は、従業員が次の各号のいずれかに該当する場合は、就業を禁止する。

(1) 病毒伝播のおそれのある伝染性の疾病にかかったとき

(2) 心臓、腎臓、肺等の疾病で労働のため病勢が著しく増悪するおそれのあるものにかかったとき

(3) 前各号に準ずる疾病で厚生労働大臣が定めるもの及び感染症予防法で定める疾病にかかったとき

2　前項の規定にかかわらず、会社は、従業員が次の各号のいずれかに該当する場合は、就業を禁止することがある。

(1) 従業員の心身の状況が業務に適しないと判断したとき

(2) 従業員の自傷行為、他害行為のおそれがあると会社が判断し、医師等により指示があったとき

(3) 従業員又は同居の家族並びに同居人が他人に感染するおそれのある疾病にかかり、又はその疑いのあるとき

■伝染性の疾病等にかかった労働者に対する就業制限（安衛法第68条）

■病者の就業禁止（安衛則第61条）
①病毒伝ばのおそれのある伝染性の疾病にかかった者
②心臓、腎臓、肺等の疾病で労働のため病勢が著しく増悪するおそれのあるものにかかった者
③前各号に準ずる疾病で厚生労働大臣が定めるものにかかった者
・鉛中毒にかかっている者等の就業禁止
・四アルキル鉛中毒にかかっている労働者等の就業禁止
・高気圧業務への就業禁止

> 3　会社は前二項の規定により、就業を禁止しようと
> するときは、あらかじめ会社が指定する医師の意見を
> 聴取する。また、従業員は、前二項に該当するおそれ
> がある場合は、直ちに会社に届出しなければならない。
>
> 4　第1項及び第2項の規定により、就業を禁止され
> た期間は、無給とする。ただし、会社が必要と認める
> ときは、特別休暇を付与し、又は在宅での軽易な業務
> を命ずることがある。

## 解　説

・新型コロナウイルス感染症又は新型インフルエンザ等の
感染症にり患した従業員等がいた場合に、就業を禁止す
る必要があります。この場合で、会社の責めに帰す事由
があるときは、休業補償を行います。

■感染症予防法
・新型コロナ感染症

## 第93条（健康診断）

> 　　会社は、常時雇用する従業員に対し、毎年定期に
> 健康診断を行う。
> 2　深夜業を含む業務等に従事する者及び法令で定め
> る有害業務に従事する者には、別途法令に基づく回数
> 及び特別の項目による健康診断を付加する。
> 3　従業員は、前二項の健康診断を正当な理由なく拒
> むことはできない。
> 4　会社は、第1項及び第2項の健康診断結果を本人
> に速やかに通知するとともに、異常の所見があり、必
> 要があると認められる場合は、従業員に二次健康診断
> 又は精密検査等の受診を命じる。
> 5　二次健康診断又は精密検査等を命じられた従業員
> は、会社にその健康診断の結果を報告しなければなら
> ない。

■健康診断（安衛法第66
　条）
■定期健康診断（安衛則
　第44条）
■特定業務従事者の健康
　診断（安衛則第45条）
■健康診断の結果の通知
　（安衛法第66条の6）
■健康診断実施後の措置
　（安衛法第66条の5）
■保健指導等（安衛法第
　66条の7）
■健康診断結果の記録の
　作成（安衛則第51条）
■健康診断の結果の記録
　（安衛法第66条の3）

〔通達〕健康診断の受診
時間（昭47.9.18基発
602号）
・一般健康診断
・特殊健康診断

〔通達〕事業場における
労働者の健康保持増進の
ための指針（改正　令
4.3.31公示第10号）

6　会社は、従業員からの二次健康診断結果の報告を受けて、必要がある場合は、就業を一定期間禁止し、又は配置転換を行い、その他健康保健上必要な措置を命ずることがある。

## 解　説

□常時使用される労働者の定義

・常時使用される労働者の定義は次のとおりです。

「期間の定めのない契約により使用される者であること。なお、期間の定めのある契約により使用される者の場合は、1年以上使用されることが予定されている者、及び更新により1年以上使用されている者。その者の1週間の労働時間数が当該事業場において同種の業務に従事する通常の労働者の1週間の所定労働時間数の4分3以上であること。」（平19.10.1基発第1001016号）

□健康診断

・会社は、採用時と毎年定期に健康診断実施義務があり、健康診断結果の記録を作成し、5年間保存します（安衛法第66条、安衛則第43条、安衛則第44条、安衛則第51条）。一方、労働者にも健康診断を受診する義務があり、会社が実施する健康診断を受診しない場合は、他の医師の健康診断を受けて、その結果を証明する書面を、会社に提出する必要があります。

□特定業務従事者

・特定業務従事者とは、深夜業を含む業務に従事する労働者及び特定の有害業務に従事する労働者を指し、これらの者の定期健康診断は年2回実施義務があります。

□特定業務従事者の健康診断

・深夜業を含む業務等の特定業務に従事する労働者に対しては、当該業務への配置替えの際及び6か月以内ごとに1回、定期健康診断と同じ項目の健康診断を行います。ただし、胸部X線検査については、1年以内ごとに1回、

・「職場における心とからだの健康づくりのための手引き」（令3.3）

〔通達〕労働者の心の健康の保持増進のための指針（平18.3.31公示第3号　改正　平27.11.30公示第6号）

〔通達〕健康診断結果に基づく健康管理について（昭38.8.19基発939号）

〔通達〕定期健康診断における有所見率の改善に向けた取組について（平22.3.25基発0325第1号）

〔通達〕雇用管理分野における個人情報のうち健康情報を取り扱うに当たっての留意事項について（平16.10.29基発1029009号）

▷特定業務従事者健診
＜安衛則第45条の健康診断＞の対象となる者の雇入時健康診断については、6か月以上使用されることが予定され、又は更新により6か月以上使用されている者

定期に行えば足りるとされています。

□深夜業

・深夜業を含む業務に従事する労働者で、一定の要件に該当する者（常時使用される労働者で、当該健康診断を受けた日前6か月間を平均して1か月に4回以上の深夜業に従事した者）は、自ら受けた健康診断（自主的健康診断）の結果を会社に提出することができ、会社は提出された健康診断結果により、定期健康診断と同様の事後措置等を講じる必要があります。

〔通達〕健康診断結果に基づき事業者が講ずべき措置に関する指針（改正平29.4.14公示第9号）

□健康診断で異常が発見された場合

・健康診断で異常が発見された場合、会社は、従業員に第二次健康診断を命ずることができます。また、就業に影響がある心身の状態又は傷病の疑いのある従業員に対して、医師の検診を命ずることがあります。

・さらに、従業員の健康上必要がある場合には、健康維持に必要な次の措置をとります。

(1) 就業場所の変更

(2) 作業の転換

(3) 労働時間の短縮

(4) 深夜業の回数の減少

〔通達〕労働安全衛生法第66条の健康診断の結果に基づいて休業又は労働時間を短縮した場合（昭23.10.21基発1529号、昭63.3.14基発150号）
「安衛法第66条による健康診断の結果、私傷病のため医師の証明により休業を命じ、又は労働時間を短縮した場合…」

□法定の健康診断の結果に基づく休業等

・「健康診断（安衛法第66条）の結果に基づいて使用者が労働時間を短縮させて労働させたときは、使用者は労働の提供の無かった限度において賃金を支払わなくても差し支えない。ただし、使用者が健康診断の結果を無視して労働時間を不当に短縮もしくは休業させた場合には、法第26条の休業手当を支払わなければならない場合の生ずることもある。」（昭23.10.21基発1529号、昭63.3.14基発150号）

■休業手当（労基法第26条）
「使用者の責に帰すべき事由による休業の場合においては、使用者は、休業期間中当該労働者に、その平均賃金の100分の60以上の手当を支払わなければならない。」

# 第94条（面接指導）

時間外労働時間及び休日労働が1か月当たり80時間を超え、かつ、疲労の蓄積が認められる従業員が申出た場合は、会社は、医師等による面接指導を行う。

2　前項に定めるほか、長時間労働により疲労の蓄積が認められる従業員に対して、会社は、医師等との面接指導を命じることがある。

3　第1項の面接指導の結果、必要と認めるときは、従業員に対して一定期間の就業禁止、労働時間の短縮、配置転換その他健康保持上必要な措置を命ずることがある。

■面接指導等（安衛法第66条の8）

〔通達〕面接指導（平18.2.24 基発 0224003 号）「長時間労働者に対する医師による面接指導の実施」

## 解　説

□面接指導（義務）

・「会社は、休憩時間を除き1週間当たり40時間を超えて労働させた場合におけるその超えた時間が、1か月当たり80時間を超え、かつ、疲労の蓄積が認められる従業員について、医師による面接指導を行わなければならない。」（安衛法第66条の8第1項）

□面接指導（努力義務）

・「時間外労働が一定時間を超えなくとも、長時間の労働により、疲労の蓄積が認められ、又は健康上の不安を有している従業員に対しても同様にその従業員の申出により面接指導又は面接指導に準ずる措置を講じるよう努めなければならない。」（安衛法第66条の9）

□疲労の蓄積の考え方

・「恒常的な長時間労働等の負荷が長期間にわたって作用した場合には、「疲労の蓄積」が生じ、これが血管病等をその自然経過を超えて著しく増悪させ、その結果、脳・心臓疾患を発生させることがある。」（「脳・心臓疾患の認定基準」令 2.8.21 基発 0821 第 3 号）

〔通達〕「脳血管疾患及び虚血性心疾患（負傷に起因するものを除く）の認定基準について」（令 2.8.21 基発 0821 第 3 号）

〔通達〕「過重労働による健康障害防止のための総合対策について（令 2.4.1 基発 0401 第 11 号）
※「過重労働による健康障害を防止するため事業者が講ずべき措置」

□長時間労働と労災

・「発病前1か月間におおむね100時間又は発症前2か月間ないし6か月間にわたって、1か月当たりおおむね80時間を超える時間外労働が認められる場合は、業務と発症との関連性が強いと評価できる。また、休日の無い連続勤務が長く続くほど業務と発症との関連性をより強めるものであり、逆に、休日が十分確保されている場合は、疲労は回復ないし回復傾向を示すものである」（同上）

■過労死（労基則別表第1の2第8号）

□脳・心臓疾患とは

・1．脳血管疾患

(1)脳内出血（脳出血）、(2)くも膜下出血、(3)脳梗塞、(4)高血圧性脳病

2．虚血症心疾患等

(1)心筋梗塞、(2)狭心症、(3)心停止（心臓性突然死を含む）、(4)解離性大動脈瘤

□面接指導の結果

・「会社は、面接指導の結果に基づき、医師の意見及び当該従業員の勤務の実情等から必要がある場合には、就業場所の変更、作業の転換、労働時間の短縮、深夜業の回数の減少等の従業員の健康維持に必要な措置等を講じなければならない。また、従業員はその措置に従わなければならない。」（安衛法第66条の8第5項）

## 第95条（指定医健診）

従業員が、次の各号のいずれかに該当する場合、会社は、従業員に対し、会社の指定する医師の健康診断を受けさせることがある。なお、これは業務上の必要性に基づくものであるため、従業員は正当な理由なくこれを拒むことはできない。

(1) 傷病欠勤が 7 日を超えるとき

(2) 長期の傷病欠勤後出勤を開始しようとするとき

(3) 傷病を理由にたびたび欠勤するとき

(4) 傷病を理由に就業時間短縮又は休暇、職種若しく
　　は職場の変更を希望するとき

(5) 業務の能率、勤務態度等により、身体又は精神上
　　の疾患に罹患していることが疑われるとき

(6) その他、会社が必要と認めるとき

## 解　説

□受診義務

・健康に関する情報は、個人情報の中でもプライバシーの
　最たるものであり、実際に健康診断の受診を強要したと
　して慰謝料の支払いを命じた判例もあります（国立療養
　所比良病院(医師年休)事件＝京都地裁平6.9.14）。しかし、
　就業規則上の根拠があれば、法定外のものであっても健
　診を義務づけることは可能です。

・会社の指定医に受診させることも医師選択の自由に反し
　ない「要管理者は、‥病院ないし担当医の指定及び検診
　実施の時期に関する指示に従う義務を負担している」（帯
　広電報電話局事件＝最一小昭61.3.13）とされています。
　したがって、就業規則上に明確な根拠規定を定めること
　が無難です。

□復職の際の診断

・長期欠勤後に復職する場合、又は精神疾患等に罹患した
　場合では慎重な判断が求められます。患者（＝従業員）
　のための診断書を記載する医師に対し、会社は、従業員
　が従事する業務内容を分かったうえで適切な診断を行う
　会社の指定医又は産業医に診てもらいます。

＜裁判例＞国立療養所比良病院（医師年休）事件（京都地裁平 6.9.14）
↓
＜判例＞帯広電報電話局事件（最一小昭 61.3.13）「就業規則及びその細目である健康管理規定の内容が合理的なものである限り、労働者の健康保持増進・回復義務は労働契約の内容となっている。」

# 第 96 条（心身の状態に関する情報の適正な取扱い）

> 　　　会社は従業員の心身の状態に関する情報を適正に取り扱う。
> 2　前項については、別に定める「心身の状態に関する情報の取扱規程」による。

⇒健康管理上の個人情報

■「労働者の心身の状態に関する情報の適正な取扱い指針公示第 1 号」（平 30.9.7）

■「事業場における労働者の健康情報等の取扱規程を策定するための手引き」（平 31.3 厚生労働省）

## 解　説

□健康管理上の個人情報の取扱い

・会社は、従業員の心身の状態に関する情報を収集し、保管し、又は使用するに当たっては、従業員の健康の確保に必要な範囲内でこれを保管し、及び使用しなければならない。（安衛法第 104 条第 1 項）

□必要な措置

・会社は、従業員の心身の状態に関する情報を適正に管理するために必要な措置を講じなければならない。（安衛法第 104 条第 2 項）

□労働者の心身の状態に関する情報の適正な取扱いのために事業者が講ずべき措置に関する指針

・①労働安全衛生法に基づき実施する健康診断等の健康を確保するための措置（健康確保措置）、②任意に行う労働者の健康管理活動を通じて得た労働者の心身の状態に関する情報（心身の状態の情報）については、そのほとんどが個人情報の保護に関する法律第 2 条第 3 項に規定される「要配慮個人情報」に該当する機微な情報であるため、心身の状態の情報が適切に取り扱われることが必要です。そのためには、会社における「心身の状態の情報の適正な取扱いのための規程」を策定し、当該情報の取り扱いを明確にすることが必要です。

▷「要配慮個人情報」

▷心身の状態の情報の適正な取扱いのための規程

179

# 第97条（自己保健義務）

> 従業員は、日頃から自らの健康の維持、増進及び傷病予防に努め、会社が実施する所定の健康診断は必ず受診しなければならない。また、健康に支障を感じた場合には、進んで医師の診療を受ける等の措置を講じるとともに、会社に申出てその回復のため療養に努めなければならない。

## 解 説

- 従業員と会社が労働契約を締結することで生じる付随義務のひとつに、労働契約に基づく安全履行義務として、「当日の業務を通常通り（安全かつ完全に）遂行できる労務を持参する義務ととして「自己保健義務」があります。

- 自己保健義務を怠っている場合は、業務の遂行に支障をきたすばかりか、従業員の健康障害を引き起こしかねません。従業員が自己保健義務に努めることは、労使双方にとって大切です。

▷自己保健義務
＜裁判例＞姫路労基署長事件（神戸地裁昭62.11.12）
「健康保持に関する適切な配慮を怠った生活を続けてきたとして、高血圧症者の業務中の脳出血発症につき、療養補償給付の不支給処分が正当とした例」

■民法第1条（信義誠実の原則）
『②権利の行使及び義務の履行は、信義に従い誠実に行わなければならない（⇒信義則の義務)』

※安全配慮義務
（従業員の生命及び健康等を危険から保護するよう配慮すべき義務）

■労働者の安全への配慮
（労契法第5条）

＜裁判例＞兵庫県競馬組合事件（神戸地裁昭60.8.8）
「発症・自覚した段階で相談するか、または、重症になる前に留意すべき措置をとらなかったことは自己の健康保持に十分でなかったとして慰謝料を減額した例」

◆用語解説（ことばの置換え）◆

□第 92 条

　安衛則第 61 条（病者の就業禁止）「事業者は次の各号のいずれか
に該当する者については…。…伝染性の疾病にかかった者。…増悪す
るおそれのあるものにかかった者。…」の「者」は関係代名詞的に
「該当する者であって、… かかった者」というように「者」「者」がだぶっ
て用いられている。

　法律の条文を基に規則規定を作成する場合、「該当する者」を従業員
に読み替えると、従業員がそのような状態になった「場合」、「者」を従
業員がそうなった「とき」に置き換えている。この場合の「とき」は状
態を表している。

# 第8章　災害補償

## 第98条（災害補償）

　　従業員が業務上負傷し、又は疾病にかかった場合は、労働基準法の規定に従って療養補償、休業補償を行う。また、従業員が業務上負傷し、又は疾病にかかり死亡した場合は、労働基準法の規定に従い遺族補償及び埋葬料を支払う。

2　補償を受けるべき者が、同一の事由について労働者災害補償保険法によって前項の災害補償に相当する保険給付を受ける場合には、会社は、その価額の限度において前項の規定に基づく補償を行わない。

■（就業規則の）作成及び届出の義務
「労基法第89条第8号災害補償及び業務外の傷病扶助に関する定めをする場合においては、これに関する事項」

■他の法律との関係（労基法第84条）
⇒ ■労働者災害補償保険法

### 解　説

□災害補償

・労基法及び労災保険法で災害補償に関する規定があるため、法律上の規定と会社の補償内容が同一であれば、まったく規定しないか、あるいは「従業員が業務上の負傷又は疾病にかかった場合若しくは死亡した場合は、労災保険法により補償を行う」と規定します。

□健康管理

・長時間労働による脳・心臓疾患等の発症が増えており、これに伴い労災申請件数も増加傾向にあります。脳・心臓疾患は、すべての業務との因果関係のもとに発症するかといえば、従業員個人の日常生活の影響も少なからず受けます。したがって、健康管理義務が会社にあったとしても、従業員の生活すべての健康管理ができるわけではないため、会社が規定を定めたうえで従業員個人としても健康管理の必要性を自覚させることが大切です。（⇒自己保健義務）

〔通達〕労災補償業務の運営に当たって留意すべき事項について（令3.2.22労災発0222第1号）

□疾病の範囲

・平 22.8.30 業務上の疾病の範囲（別表第 1 の 2）が改正
されました。

「八　長期間にわたる長時間の業務その他血管病変等を
著しく増悪させる業務による脳出血、くも膜下出血、脳
梗塞、高血圧性脳症、心筋梗塞、狭心症、心停止（心臓
性突然死を含む。）若しくは解離性大動脈瘤又はこれら
の疾病に付随する疾病」（8 号　過労死）

「九　人の生命にかかわる事故への遭遇その他心理的に
過度の負担を与える事象を伴う業務による精神及び行動
の障害又はこれに付随する疾病」（9 号　精神疾患）

〔通達〕業務上の疾病の
範囲
（労基則第 35 条別表第 1
の 2 改正（平 22.8.30））
（第 8 号　過労死）
（第 9 号　精神疾患）

〔通達〕脳・心臓疾患の
労災認定基準（改定）（令
2.8.21 基発 0821 第 3 号）

〔通達〕心理的負荷によ
る精神障害の認定基準
（改定）（令 2.8.21 基発
0821 第 4 号）

□災害補償の種類

| 災害補償 | 通勤災害 |
|---|---|
| ・療養補償給付 | ・療養給付 |
| ・休業補償給付 | ・休業給付 |
| ・障害補償給付 | ・障害給付 |
| ・遺族補償給付 | ・遺族給付 |
| ・葬祭料 | ・葬祭給付 |
| ・傷病補償年金 | ・傷病年金 |
| ・介護補償給付 | ・介護給付 |

・会社は、従業員が労働災害その他就業中又は事業場内で
死亡・休業した場合は、労働基準監督署へ「労働者死傷
病報告書」を提出します。

▷労働者死傷病報告書

## 第 99 条（打切補償）

　　業務上の事由による災害を受けた従業員が、療養
開始後 3 年を経過しても、負傷又は疾病が治癒しな
い場合は、労働基準法の定めにより、打切補償を行い、
その後の補償は行わない。

## 解　説

・従業員が業務上負傷し、又は疾病にかかった場合は、使用者は、その費用で必要な療養を行い、又は必要な療養の費用を負担しなければならない（療養補償　労基法第75条）が、その補償を受ける従業員が、療養開始後3年を経過しても負傷又は疾病がなおらない場合には、使用者は、平均賃金の1,200日分の打切補償を行い、その後はこの法律の規定による補償を行わなくてもよい（打切補償　労基法第81条）。

■打切補償（労基法第19条、第81条）
労災保険法の療養補償給付との関連（最二小平27.6.8）

## 第100条（上積補償等）

> 　従業員又はその家族若しくは相続人（以下「従業員等」という。）が労災上積保険、弔慰金、見舞金その他名称を問わず、業務上の災害により、会社から労災保険以外の給付を受ける場合には、従業員等はその価額の範囲内の民事損害賠償請求権を放棄しなければならない。

▷上積補償規程
（労働災害特別補償規程）

## 解　説

□上積補償の留意点

・上積補償を規定する場合の留意点として、「上積補償は労災保険給付の不足分を補うために上積みする趣旨であるので、原則として労災補償給付との支給調整は行わない扱い（昭56.10.30基発696号）。」があります。

・損害賠償の予定である旨の規定（すなわち、上積補償以外には民事損害賠償を行わないこととする規定）を設けても、上積の金額が事故による被害の大きさに応じた相当の金額でなければ、当該規定は無効となる可能性が高くなります。

# 第9章　就業多様化管理

## 第101条（出　向）

> 　会社に在籍のまま他の会社又は団体（関係会社以外の会社を含む）などの業務に従事するため会社の命令により転出すること。

### 解　説

□出向

・出向は、出向目的又は必要性等が変わるごとに出向先もその都度変わる等の理由から、これを細かく規定することは困難であり、規定例のように包括的規程にとどめます。すなわち、就業規則本体に出向応諾義務のみを定め、別規程として出向取扱規程を設け、出向に関する労働条件を定めることにします。

■出向（労契法第14条）

▷出向取扱規程

□転籍

・転籍は出向と異なり、転籍元との労働契約を終了させ、新たに転籍先との労働契約を締結するものです。この転籍については、一方的に従業員に命令することはできず、必ず個別の同意が必要です。

＜裁判例＞北海道放送事件（札幌地裁昭39.2.25）

## 第102条（出向命令）

> 　会社が、従業員に出向を命じようとする場合に、出向に関する内容、労働条件、その他就業に関し必要な事項を明示したときは、会社は、改めて本人の同意を求めずにこれを命ずることができ、従業員は正当な理由がない限りこれを拒むことはできない。
> 2　出向したときの取扱いについては、出向取扱規程に定める。

■出向（労契法第14条）「労働者に出向を命ずる場合において、出向命令がその必要性、対象労働者の選定に係る事情その他の事情に照らして、その権利を濫用したものと認められる場合には当該命令は無効とする。」

■労働契約の継続及び終了（出向　労契法第14条関係）
法第14条の「出向」とは、いわゆる在籍型出向をいうものであり、使用者（出

185

<法的根拠等>

## 解　説

□出向

・会社に在籍のまま他の会社（関係会社以外の会社を含む）又は団体などの業務に従事するため会社の命令により転出することをいいます。

・出向は出向目的又は必要性が変わることに出向先もその都度変わることから、これを細かく規定することは困難であり、包括的規定にとどめます。

□在籍従業員の出向

・在籍型出向の出向労働者については、出向元及び出向先双方とそれぞれ労働契約関係があるので、出向元及び出向先に対しては、それぞれ労働契約関係が存する限度で労働基準法等の適用がある。即ち、出向元、出向先及び出向労働者三者間の取り決めによって定められた権限と責任に応じて出向元の使用者または出向先の使用者が出向労働者について労働基準法等における使用者としての責任を負うものである。（通達　昭 61.6.6 基発 333 号）

□就業規則の適用

・就業規則は、従業員の労働条件の内容となるものですから、出向元と出向先の就業規則の規定が異なる場合に、どちらの就業規則が適用されるべきかは、出向者の労働条件に影響を与えることになるため、重要な事項については出向元と出向先との間での出向契約で定め、その内容を出向者に示します。

□出向の最近の傾向（⇒雇用シェア）

・コロナ禍の影響もあり、従前の出向と異なる出向もあります。経営環境の悪化により人員削減せざるを得ない企業が従業員の雇用を維持するため、人手を必要としている会社に一定期間出向させる企業が増えています。

□出向契約又は出向取扱規程

・出向契約又は出向取扱規程等には、少なくとも次の項目を定めておく必要があります。

向元）と出向を命じられた労働者との間の労働契約関係が終了することなく、出向を命じられた労働者が出向先に使用されて労働に従事することをいう。（労働契約法の施行について　平 30.12.28 基発 1228 第 17 号）

〔通達〕労働契約の継続及び終了（出向）（労働契約法の施行について　平 30.12.28 基発 1228 号第 17 号）

〔通達〕〔在職型出向〕（昭 61.6.6 基発 333 号）

■労基法第 10 条（使用者の定義）

<裁判例>古河電工事件 = 東京地裁昭 52.12.21「出向命令は、就業規則に出向応諾義務が規定されており、これを提示することで包括的同意を得たとされる。」

（しかし、これはグループ企業やあらかじめ予想され得る出向先の場合に限られる。）

<判例>新日本製鐵事件 = 最高裁二小平 15.4.18「労働者の個別的同意なしに、従業員としての地位を維持しながら出向先においてその指揮監督の下に労務を提供することを命ずる本件各出向命令を発令することができるというべきである」

①出向先の範囲

②出向の際の手続き

③出向期間

④出向先における労働条件及び労働条件が低下した場合
　の配慮

⑤復帰の際の手続き

⑥復帰後の労働条件

・関係会社以外の会社への出向の場合は、原則として上記
　①から⑥までの事項を出向先と定めたうえで、本人に同
　意を得ることが必要です。

□出向期間

・出向期間については、出向契約又は出向取扱規程で出向
　期間を定めます。その際、出向元の会社は、当該従業員
　の出向期間は休職扱いとします。

＜判例＞日東タイヤ事件
（最二小昭48.10.19）
「出向休職は休職規定だけ
では出向義務の根拠や規定
とはならない。⇒出向その
ものについての具体的規定
が必要である。」

## 第103条（在宅勤務）

> 　　テレワーク勤務とは、通信機器を用いて業務遂行
> することであり、業務を行う場所として、従業員が
> 自宅で行う在宅勤務、サテライトオフィス勤務、モ
> バイル勤務をいう。
> 2　テレワーク勤務を運用する場合に、業務の都合に
> より臨時的・一時的に運用する場合と、恒常的な制度
> を運用する場合がある。
> 3　テレワークの対象業務、対象者、労働条件、労務
> 管理等については、別に定めるテレワーク規程による。

▷テレワーク規程
①育児・介護休業取得者
　対象のため
②感染症拡大防止対策の
　ため
③会社が特に必要と認め
　た者のため
テレワークガイドライン

### 解　説

・新型コロナウイルス感染症の拡大を受け、我が国では、
　在宅勤務（テレワーク勤務）の適用拡大が急速に進みま
　した。会社、従業員双方ともに働き方、人とのかかわり
　方等について検討する必要があります。

・会社は、ただ在宅勤務を行うのではなく、以下のことに注意し、あらかじめルールを定めておきます。

　①労働時間の管理方法

　②長時間労働への対策方法

　③労働災害補償法と在宅勤務の関係

## 第 104 条（副業・兼業）

> 　　　従業員は、原則として、勤務時間外及び休日に副業・兼業に従事することができる。
>
> 2　前項の規定にかかわらず、次の各号のいずれかに該当する場合には、会社は、副業・兼業の禁止又は制限をすることができる。
>
> 　(1) 会社の業務に支障が生じるおそれがあるとき
>
> 　(2) 企業秘密が漏えいするおそれがあるとき
>
> 　(3) 会社の名誉、信用等を損なう行為のおそれがあるとき
>
> 　(4) 競合により会社の利益を害するおそれがあるとき
>
> 3　従業員が、副業・兼業に従事する場合の取扱いについては、別に定める「副業・兼業に関する取扱規則」による。

### 解　説

・厚生労働省は『副業・兼業の促進に関するガイドライン』で、「本ガイドラインは、副業・兼業を希望する者が年々増加傾向にある中、安心して副業・兼業に取り組むことができるよう、副業・兼業の場合における労働時間の管理及び健康管理について示したものである」としている。

□副業・兼業の促進の際の留意点

　(1) 従業員に対して

　　　①就業時間が長くなる可能性があるため、従業員自身による就業時間、健康管理について一定の範囲で行う必要がある。

▷「副業・兼業の促進に関するガイドライン」厚労省（平 30.1 策定、令 4.7 改定）

■時間計算（労基法第 38 条第 1 項）
「労働時間は、事業場を異にする場合においても、労働時間に関する規定の適用については通算する。」

▷「事業場を異にする場合」
〔通達〕「事業場を異にする場合」とは、事業主を異にする場合を含む。（昭 23.5.14 基発 769 号）

〔通達〕一事業場で 8 時間労働後他の事業場で働く場合の取扱い（昭 23.10.14 基収 2117 号、昭 63.3.14 基発 150 号、平 11.3.31 基発 168 号、平 31.4.1 基発 0401 第 43 号）

〔通達〕二以上の事業に働く場合の時間外割増賃金（昭 23.10.14 基収 2117 号）

②職務専念義務、秘密保持義務、競業避止義務があ
ることの確認が必要である。

③1週間の所定労働時間が短い業務を複数行う場合
には、雇用保険等の適用の有無について確認が必
要である。

(2) 企業に対して

①必要な就業時間の把握と管理が必要である。

②健康管理への対応が必要である。

③職務専念義務、秘密保持義務、競業避止義務等の
遵守義務の確認及び義務違反の場合の対策を考慮
しておくことが必要である。

□ガイドライン－ Q&A －

・厚労省は、ガイドラインの補足資料として、Q&A をま
とめており、その内容は次のとおりである。

(1) 労働時間管理等

(2) 健康管理

(3) 労働保険の給付

(4) 副業・兼業に関する情報の公表

▷「副業・兼業の促進に
関するガイドライン」
-Q&A-（厚生労働省令
4.7)

# 第10章　雑　則

## 第105条（教育・研修）

> 会社は、従業員の知識、技能等の向上を図るために教育・研修及び訓練等を行う。
> 2　従業員は、会社が行う前項の教育・研修及び訓練業務を命じられたときは、正当な理由なくこれを拒むことはできない。

### 解　説

□教育訓練
・教育訓練等は、会社の明示・指示・命令等がある場合には、労働時間となり、また時間外である場合には、時間外手当の支払いが必要です。当該規定は参加の義務を規定しているので、明らかに労働時間であることを示しています。

〔通達〕職業訓練に関する事項
就業規則に記載すべき職業訓練に関する事項として
・職業訓練の種類
・訓練に係る職種別訓練の内容
・訓練期間・訓練を受けることができる者の資格等
・職業訓練中の労働者に対し特別の権利義務を設定する場合にはそれに関する事項
・訓練修了者に対し特別の処遇をする場合には、それに対する事項等
（昭44.11.24基発776号）

## 第106条（内部通報者の保護）

> 会社は、従業員等からの組織的又は個人的な法令違反に関する相談又は通報があった場合には、「内部通報制度規程」に基づいて処理を行う。

### 解　説

□内部通報とは
・「公益通報者保護法」が、労働者等が、公益のために通報を行ったことを理由として解雇等の不利益な取扱いを受けることのないよう、どこへどのような内容の通報を行えば保護されるのかという制度的なルールを明確にしたものを受けて、

■公益通報者保護法（平16.6.18法律第122号）

▷公益通報ハンドブック改正（令4.6施行）準拠版 / 消費者庁

・労働者等 … 労働者、派遣労働者
・役員
・退職者

(1) 労働者等が

(2) 役務提供先の不正行為を

(3) 不正の目的でなく

(4) 一定の通報先に通報する

ことを「公益通報」というが、特に (4) の「一定の通報先」を労働者等が所属する企業の内部としている場合に「内部通報」ということがある。

□改正のポイント

・令和 2 年の「公益通報者保護法」の改正で、事業者が自浄作用を発揮し、法令違反を早期に是正する観点から、新たに、常時使用する労働者の数が 300 人を超える全ての事業者に対して、内部公益通報体制の整備を課している。

▷公益通報者保護法に基づく指針（令和 3 年内閣府告示第 118 号）

□公益通報窓口

・事業者に対し、労働者等がより安心して通報できるよう、内部公益通報窓口に公益通報対応業務従事者（従事者）を指定することが義務付けられている。

□人事・労務に関する法律の一例

・労働基準法　　　　　・労働安全衛生法

・労働者災害補償保険法　・労働施策総合推進法

・労働者派遣法　　　　・労働保険徴収法

・短時間・有期雇用労働者等の雇用管理改善法

・国民健康保険法　　　・国民年金法

・健康保険法　　　　　・厚生年金保険法

・育児・介護休業法　　・女性活躍推進法

・雇用保険法

■通報対象となる法律一覧　495 本（令 4.10.1 現在）

## 第 107 条（相談窓口の設置）

> 　　会社は、従業員からの相談及び苦情の申出を受け付けるため、相談窓口を次のとおり設ける。
> 　(1) 本社　　　　総務課
> 　(2) ○○工場　　総務課
> 　　また、各総務課は法令違反に該当するかを確認するなどの相談にも応じる。
> 2　次の事項に関わる相談を受け付ける。
> 　(1) 妊娠・出産・育児休業等に関する事項
> 　(2) いじめ・嫌がらせその他ハラスメント等に関する事項
> 　(3) 内部通報制度その他法令違反行為に関する事項（通報窓口）
> 3　相談窓口の利用方法は、電話、電子メール、FAX、書面、又は面会とする。
> 4　相談窓口は、総務部長が統括管理する。

### 解　説

□事業主の雇用管理上の措置（労働施策総合推進法）

・「事業主は、職場で行われる優越的な関係を背景とした言動であって、職務上必要かつ相当な範囲を超えたものにより、その雇用する労働者の就業環境が害されることのないよう、当該労働者からの相談に応じ、適切に対応されるために必要な体制の整備その他の雇用管理上必要な措置を講じなければならない。」（同法第 30 条の 2 第 1 項）

□職場におけるパワーハラスメント

　①セクシュアルハラスメント

　②妊娠、出産等に関するハラスメント

　③育児休業等に関するハラスメント

　④その他のハラスメント

▷事業主が職場における優越的な関係を背景とした言動に起因する問題に関して雇用管理上講ずべき措置等についての指針（令 2.1.15 厚労省告示第 5 号）

■労働施策総合推進法
労働施策の総合的な推進並びに労働者の雇用の安定及び職業生活の充実等に関する法律（昭 41.7.21）

▷事業主が職場における性的な言動に起因する問題に関して雇用管理上講ずべき措置等についての指針（平 18 厚労省告示第 615 号）

□相談窓口

・(事業主が行うことが望ましい<u>取組の内容として</u>)職場におけるパワーハラスメントは、その他のハラスメントと複合的に生じることも想定されることから、事業主は、セクシュアルハラスメント等の相談窓口と一体的に、職場におけるパワーハラスメントの相談窓口を設置し、一元的に相談に応じることのできる体制を整備することが望ましい。(令2.1.15告示第5号第5項 (1))

・内部通報受付窓口とハラスメント等の相談窓口について、相談の実態に応じて、法令に従って従事者を配置した内部通報受付窓口がハラスメント等の相談窓口を兼ねることも可能です。(公益通報ハンドブックより)

<法的根拠等>

▷事業主が職場における<u>妊娠、出産等に関する言動</u>に起因する問題に関して雇用管理上講ずべき措置等についての指針(平28厚労省告示第312号)

▷子の養育又は家族の介護を行い、又は行うこととなる労働者の職業生活と家庭生活との両立が図られるようにするために事業主が講ずべき措置等に関する指針(平21厚労省告示第509号)

# 規則・規定を作成する際の用字用語の使い方の例

第１条（趣　旨）

第２条（成文化の要領）

第３条（用字の基準）

第４条（主語の用法）

第５条（<u>述語の用法</u>）

1. 「することができる」「しなければならない」
「するものとする」
2. 「しなければならない」「してはならない」
3. 「適用する」「準用する」「準ずる」
4. 「例とする」「例による」「従前の例による」
5. 「この限りでない」「・・・することを妨げない」
6. 「改定する」「改める」

第６条（<u>特殊な用語、用法</u>）

1. 「規程」「規定」
2. 「細則」「基準」「要領」「マニュアル」
3. 「施行」「実施」「適用」
4. 数量的な限定
「以上」「超える」「以下」「未満」「満たない」
5. 時間的な限定
「以前」「以後」「以降」「前」「後」
6. 「当該」
7. 「所」「ところ」
8. 「から」「より」
9. 「推定する」「みなす」
10. 「読み替える」

第7条（接続詞等の用法）

1．「かつ」
2．「ただし」
3．「及び」
4．「等」
5．「その他」
6．「のほか」
7．「並びに」
8．「場合」「とき」
9．「又は」
10．「なお」

# ＜　用字用語の使い方・規程作成基準　＞

（趣　旨）

第1条　社内の規則・規程の作成に用いる用字、用語、形式等に関しては、主として法令用語の基準による。

（成文化の要領）

第2条　一定の内容を規定する場合には、その規定の目的にしたがって、次に掲げる要領で成文化する。

（1）規定文の配列は、章、節、条、項、号等によって箇条書きにする。

（2）一つの要件を、さらに規定の内容にしたがい区分する必要がある場合、これを項に分ける。項は、第2項以下を2、3・・・をもって表すが、第1項は特に表わさない。

（3）条又は項の中において、いくつかの事項・事物の名称等を列記する場合には、号を用いる。号は、(1)、(2)・・・をもって表わす。また、号の中で列記をする場合には、①、②・・・をもって表す。

（4）必要な内容は、すべて漏れなく定めなければならない。

（5）前後の文章又は内容が矛盾しないように配慮しなければならない。

（6）規則・規程に用いる用字、用語、文体、かなづかい等は、統一して用いなければならない。

（用字の基準）

第3条　規則・規程の用字の使用は、次に掲げる方法により行う。

（1）かな文字は、「現代かなづかい」の定めによる。

（2）数字は、アラビア数字を用いる。

（3）「　」は、言葉を定義する場合、語句の表現を明確にする場合等に用い、（　）は、かっこの前にある字句を注釈する場合、条文につける見出しを囲む場合等に用いる。

（4）数式は、これを用いないと正確な規定ができず、書き流しの文章にすると表現が非常に複雑難解になる場合等に用いる。

（主語の用法）

第４条　主語は、一般には「…は」と表す。ただし、要件文章においては、通常「…が」で表す。

（述語の用法）

第５条　述語は、次に掲げる基準により用いる。

**1.「することができる」「しなければならない」「するものとする」**

　「することができる」は、本来、するのが望ましいが、するかしないかについて裁量の余地がある場合に用いる。

　これに対して、「しなければならない」は、必ずしなければならない義務が付与される。

　「するものとする」は、「しなければならない」より弱いニュアンスがある。原則又は方針を示す場合に用いられる。

【就業規則使用例】------------------------------------------------

▶「することができる」＜「ガイドブック」P24＞

第７条（採用選考）

　会社は、入社希望者に対し、次の書類の提出を求めたうえで、書類選考、面接、試験を行い、合格者を決定する。ただし、会社が認めた場合は、書類の一部を省略<u>することができる。</u>

▶「しなければならない」＜「ガイドブック」P26＞

第８条（採用決定者の提出書類）

　新たに採用された従業員は、会社が指定する日までに、次の書類を提<u>出しなければならない。</u>

**2.「しなければならない」、「してはならない」**

　「しなければならない」は、ある者に対して一定の行為をなすべき義務（作為行為）を課すことを定める場合に用いるのに対し、「してはならない」は、

一定の行為をしない義務（不作為義務）を課すことを定める場合に用いる。

## ３．「適用する」、「準用する」、「準ずる」

（1）「適用する」は、その規定の本来の目的とするものに、あてはめる場合に用いる。

【就業規則使用例】------------------------------------------------
▶「適用する」＜「ガイドブック」P16 ＞

第3条（適用範囲）
2　契約社員及びパートタイマー等の労働条件に関しては、別に定める規則及び個別労働契約書による。ただし、この規則で別段の定めをしたときは、その規定を<u>適用する</u>。

（2）「準用する」は、ある事項に関する規定を、それと本質の異なることについて、必要な若干の変更を加えてあてはめる場合に用いる。
（3）「準ずる」は、ある一定の事柄を基準として、大体これにのっとる場合に用いる。

【就業規則使用例】------------------------------------------------
▶「準ずる」＜「ガイドブック」P64 ＞

第27条（解　雇）
(13) その他前各号に<u>準ずる</u>やむを得ない事由があるとき

## ４．「例とする」、「例による」、「従前の例による」

（1）「例とする」は、通常の場合そのようにすべきであるという意味で、理由があれば例外が認められる趣旨である。
（2）「例による」は、包括的な表現であって、広くある程度なり、規程なりを包括的に他の同種の事項にあてはめようとする場合に用いる。
（3）「従前の例による」は、規程の全部又は一部の改廃が行われる場合に、

その経過規程として多く用いられる。

## 5．「この限りでない」、「…することを妨げない」

(1)「この限りでない」は、前に出ている規定の全部又は一部の適用を、ある特定の場合に打ち消し又は除外する場合に用いる。

(2)「…することを妨げない」は、一定の事項について、ある法令の規定又は制度等が適用されるかどうか疑問である場合に、その適用が排除されるものでないという趣旨を表すときに用いる。

## 6．「改定する」、「改める」

「改定する」は、規程の改定の全体をとらえていう場合に用い、規程の各部分の改定についていう場合は、「改める」を用いる。

【就業規則使用例】---------------------------------------------------------------
▶「改定する」＜「ガイドブック」P19＞

> 第5条（労働条件の変更）
> 　この規則に定める労働条件及び服務規律等については、経営環境の変化に伴い、業務上必要があると認める場合は、従業員の過半数を代表する者の意見を聴収し、改定することがある。

（特殊な用語、用法）

第6条　次のような用語については、それぞれの基準により用いる。

### 1．「規程」、「規定」

「規定」とは、個々の条項を示す。例えば、「就業規則の労働時間の規定では、…」と用いる。

「規程」とは、ある一つのことを定めた一連の条項全体を示す。例えば、「賃金については、別途定める賃金規程によるものとする」と用いる。

【就業規則使用例】---------------------------------------------

▶「規定」＜「ガイドブック」P16＞

> 第3条（適用範囲）
>   契約社員及びパートタイマー等の労働条件に関しては、別に定める
> 規則及び個別労働契約書による。ただし、この規則で別段の定めをし
> たときは、その規定を適用する。

## 2.「細則」、「基準」、「要領」、「マニュアル」

(1)「細則」とは、規程の実施のため細部事項を具体的に定めたものをいう。

(2)「基準」とは、審査、評価等の方法について、統一化、単純化を図るため、要件又は作業方法を具体的に標準化したものをいう。

(3)「要領」とは、細則に準ずるもので、特定事項の業務手続又は手順等をとりきめたものをいう。
⇒「広辞苑第7版」①重要なところ、主なところ、要点（肝要な箇所、大切なところ）、②物事をうまく処理する手順・こつ

(4)「マニュアル」とは、規程、細則、要領等に基づいて、全体の業務手続又は手順等をとりまとめたものをいう。

## 3.「施行」、「実施」、「適用」

(1)「施行」とは、規則、規程の効力が一般的、現実的に発動し、作用するようになることをいう。

(2)「実施」とは、規則、規程を改定し、それを実際に行うことをいう。

(3)「適用」とは、規程が、個別的、具体的に特定の人、特定の事項等について、現実に作用することをいう。

## ＜　用字用語の使い方・規程作成基準　＞

【就業規則使用例】----------------------------------------------------------------

▶「適用」＜「ガイドブック」P16＞

---

第3条（適用範囲）

2　この規則は、前条第1号の正社員に適用し、この規則で従業員とは、
　前条第1号に定める正社員をいう。

---

### 4. 数量的な限定「以上」、「超える」、「以下」、「未満」、「満たない」

数量的な限度をする場合に用いる。

「以」とは、「以て」という意味であり、「以上」「以下」は、直前に記述
されている基準点を含むことになるが、「超える」「未満」「満たない」は
含まない。

例えば、「10万円以上」「10万円以下」は10万円を含むが、「10万円を
超える」「10万円未満」「10万円に満たない」は10万円を含まない。「未満」
と「満たない」は同じ意味である。

【就業規則使用例】----------------------------------------------------------------

▶「以上」＜「ガイドブック」P109＞

---

第58条（年次有給休暇）

　年次有給休暇は、入社日より6か月以上継続勤務後及びその後の勤
続年数に応じて、全労働日の8割以上出勤した従業員に対して以下の
とおり与える。

---

▶「未満」＜「ガイドブック」P54＞

---

第20条（休職期間の通算）

　休職が傷病によるものの場合、同一傷病又は類似の傷病による休職
の中断期間が6か月未満の場合は、前後の休職期間を通算する。

---

< 用字用語の使い方・規程作成基準 >

▶「満たない」<「ガイドブック」P48 >

---

第 17 条（休　職）

　　従業員が、次の各号のいずれかに該当した場合は、休職を発令する。ただし、勤続期間が 6 か月に<u>満たない</u>場合は適用しない。

---

▶「超える」<「ガイドブック」P34 >

---

第 11 条（労働条件の明示）

　(3) 始業及び終業の時刻、所定労働時間を<u>超える</u>労働の有無、休憩時間、休日、休暇に関する事項

---

## 5．時間的な限定「以前」、「以後」、「以降」、「前」、「後」

　　時間的な限定をする場合に用いる。

　　「以前」「以後」「以降」は、直前に記述されている基準点を含むことになるが、「前」「後」は基準点を含まない。

　　例えば、「4 月 1 日以前に」という場合は「4 月 1 日」を含むが、「4 月 1 日前に」という場合は、「4 月 1 日」は含まない。「以後」と「以降」は同じ意味である。

【就業規則使用例】-----------------------------------------------------------------
▶「後」<「ガイドブック」P52 >

---

第 19 条（復　職）

2　前項の規定により休職期間満了時までに治癒、又は復職<u>後</u>ほどなく治癒することが見込まれると会社が認めた場合に復職させる。また、この場合には、必要に応じて会社が指定する医師の診断及び診断書の提出を命じることがある。

---

## 6．「当該」

　　「当該」の語は、基本的には「その」という連体詞と異なるところはないが、

法令等において用いる場合、次のような意味を持つ語として用いる。

(1)「その」、「問題となっている当の」という意味。

(2)「そこで問題となっている場合のそれぞれ」という意味。

(3)「当該各号」の表現のように「該当するそれぞれの号」といった意味。

(4)「当該社員」のように「当該」と「社員」ではなく、一つの特殊な用
　　語として職制上又は特別の委任により一定の職務上の権限を与えられて
　　いる社員の意味。

【就業規則使用例】------------------------------------------------------------
▶「当該」＜「ガイドブック」P45＞

> 第14条（異　動）
> 4　会社は、従業員に異動を命じる場合で、子の養育又は家族の介護を
> 　行うことが困難となる従業員がいるときは、当該従業員の子の養育又
> 　は家族の介護の状況に配慮し、また、不利益が少なくなるように努める。

## 7.「所」、「ところ」

(1)「所」は、ある場所をはっきりと示す場合に用いる。

(2)「ところ」は、別に規定を予定するときに用いる。

## 8.「から」、「より」

(1)「から」は、時又は場所その他起点を示す場合に用いる。

(2)「より」は、比較を示す場合にだけ用いる。

【就業規則使用例】------------------------------------------------------------
▶「から」＜「ガイドブック」P38＞

> 第12条（試用期間）
> 　新たに採用した者については、原則として採用した日から3か月間
> を試用期間とする。ただし、会社が必要と認めたときは、この期間を
> 設けず、又は短縮することがある。

## 9．「推定する」、「みなす」

　「みなす」は、法律的にそうであると断定して取り扱うことをいい、法律上の効果は確定するため、反証をあげてそれをくつがえすことはできない。

　これに対して「推定する」は、一応そうであろうと法律上推定するもので、それが事実と異なれば、反証をあげてくつがえすことができる。

　「みなす」規定としては、労働基準法での「みなし労働時間制」がある。例えば、事業場外労働で9時間労働とみなした場合、実際の労働時間が10時間であっても8時間であっても、法律上は9時間労働したものとして取り扱われることになる。

【就業規則使用例】 --------------------------------------------------------
▶「みなす」＜「ガイドブック」P86＞

---

第39条（事業場外の労働）
　従業員が、労働時間の全部又は一部について事業場外で業務に従事した場合で、労働時間を算定し難いときは、第32条（勤務時間及び休憩時間）に定める所定労働時間労働したものとみなす。

---

## 10．「読み替える」

　規程中のある用語を他の用語に替えて読むことをいう。規程の全部又は一部を準用する場合に、そのままでは適合しない用語を、他の適合する用語に置き替えるときに用いる。

（接続詞等の用法）
第7条　接続詞等は、次に掲げる基準により用いる。

## 1．「かつ」

　「かつ」は、「及び」又は「並びに」のように、厳密な使われ方はされていないものの、一般的には「その上に」「加えて」というような意味で、「かつ」により並列される用語が密接なもので、両方の語を一体として用いる

ことが必要であることを強調する場合に多く使用される。

　また、「及び」又は「並びに」とは異なり、3つ以上の単語又は文章を「、」と「かつ」を組み合わせて使われることはない。

【就業規則使用例】--------------------------------------------------------------
▶「かつ」＜「ガイドブック」P16＞

---

第2条（従業員の定義）
　(3) 週の所定労働時間が短く、<u>かつ</u>、有期労働契約により雇用された者をいう。ただし、労働契約法に基づく無期転換社員を含む。

---

## 2．「ただし」

　「ただし」は、前に述べた事柄に対する条件又は例外などを示す。

　ただし書が本文の適用を除外する形で規定されている場合には、本文に掲げられた事実の効果を否定する側に、ただし書に掲げられた事実の主張・立証責任があるとされている。

【就業規則使用例】--------------------------------------------------------------
▶「ただし」＜「ガイドブック」P16＞

---

第3条（適用範囲）
　2　契約社員及びパートタイマー等の労働条件に関しては、別に定める規則及び個別労働契約書による。<u>ただし</u>、この規則で別段の定めをしたときは、その規定を適用する。

---

## 3．「及び」

　「及び」は、2つの単語又は文章を並列し、それらを同じカテゴリーとして表現する場合に使用される用語で、日常で使用する場合と同じ意味と考えてよい。

　なお、並列したい単語又は文章が3つ以上になるときは、「A、B及びC」のように、最後の部分に「及び」を使用する。

【就業規則使用例】------------------------------------------------------
▶「及び」＜「ガイドブック」P19＞

第5条（労働条件の変更）
　　この規則に定める労働条件及び服務規律等については、経営環境の変化に伴い、業務上必要があると認める場合は、従業員の過半数を代表する者の意見を聴取し、改定することがある。

4.「等」
　「等」は、同種のものを並べ挙げて、その他にもまだあることを表す用語である。漢字の語の羅列の後、法律又は規則などに用いられる傾向がある。

【就業規則使用例】------------------------------------------------------
▶「等」＜「ガイドブック」P30＞

第9条（個人情報の取り扱い）
　2項(5)　その他法令等により個人番号（マイナンバー）を利用する業務が新たに生じたときは、別途明示することがある。

5.「その他」
　「その他」という接続語の前後で結び付けられる用語には、「その他の」のような全体と部分例示の関係はなく、単に並列的にある事項と他の事項を結びつける場合に用いられる。

【就業規則使用例】------------------------------------------------------
▶「その他」＜「ガイドブック」P24＞

第7条（採用選考）
　(4) 各種資格証明書その他会社が必要とするもの

## ６．「のほか」

　「AのほかB」には、Aを含めてという意味、またAに追加してBをも、というように抱合又は追加の意味があり、「及び」「並びに」と同様の意味があるといえる。また、「の外」と記載される場合もある。

【就業規則使用例】----------------------------------------------------------
▶「のほか」＜「ガイドブック」P26＞

第8条（採用決定者の提出書類）
3　前項のほか、個人番号(マイナンバー)の確認書類として、次の各号の書類の提出を求める。

## ７．「並びに」

　「並びに」も、「及び」と同様2つ以上の単語又は文章を並列する場合に使用される。

　しかし、「並びに」は、「及び」を使用することにより、1つにまとまったカテゴリー同士を並列する場合に使用される。したがって、「及び」が使用されていない場合に「並びに」は使用されない。

　このように、日常的には「及び」と「並びに」は同じように使用されるが、明確に使い分けられている。

【就業規則使用例】----------------------------------------------------------
▶「並びに」＜「ガイドブック」P34＞

第11条（労働条件の明示）
　(4) 賃金の決定、計算及び支払方法並びに賃金の締切り及び支払時期に関する事項

## 8. 「場合」「とき」

　「場合」と「とき」は、いずれも将来起こり得る事実又は状況を、仮定的条件として表す場合に用いる点で共通する。

　意味としては、ほぼ同義と考えて構わないが、同一条項で仮定的条件が2つある場合には、大きな前提では「場合」を、小さな前提では「とき」を用いる。

【就業規則使用例】------------------------------------------------------------
▶「場合」「とき」＜「ガイドブック」P40＞

---

第13条（本採用の取消）

　会社は、試用期間中の従業員が次の各号のいずれかに該当し、従業員として不適当であると認められる場合は、採用を取消す。

(1) 遅刻及び欠勤並びに早退が多い、又は休みがちである、勤務状況が悪く指導しても改善が見込めないとき

(2) 必要な教育はしたが、職務を遂行する能力が不足しているとき

(3) コミュニケーション能力が不足しているとき

(4) 上司の指示に従わない、他の従業員との協調性がない、やる気がない等、勤務態度が悪いとき

(5) 健康状態が悪く、業務に耐えられないと会社が判断したとき

(6) この規則に定める解雇事由に該当したとき

---

## 9. 「又は」

　「又は」は、2つの単語又は文章を並列し、それらを同じカテゴリーとして表現する場合で、それらが選択的であるときに使用される用語で、日常で使用する場合と同じ意味である。

　なお、並列したい単語又は文章が3つ以上になるときは、「A、B又はC」のように、最後の部分に「又は」を使用する。

【就業規則使用例】--------------------------------------------------------

▶「又は」＜「ガイドブック」P48＞

> 第17条（休　職）
>
> (2) 身体<u>又は</u>精神の疾患により労務提供が不完全なとき

**10.「なお」**

　「なお」は、ある事柄を述べた後で、さらに別の事柄を言い添えるとき
に用いる。「A。なお、B」のとき「A」と「B」は関連性はあるものの、
あくまで中心となるのは「A」であるため、「B」の部分の記載が多くな
らないように注意が必要である。

【就業規則使用例】--------------------------------------------------------

▶「なお」＜「ガイドブック」P56＞

> 第22条（休職期間満了による退職）
>
> 　休職を命ぜられた従業員が、休職期間を満了しても<u>なお</u>傷病が治癒
> せず就業が困難な場合は、原則として、休職期間満了の日をもって退
> 職とする。

---

[〈法的根拠等〉の欄の用語説明の例]

1．「基発」　　厚生労働省労働基準局長から各都道府県労働局長宛の通達
2．「発基」　　厚生労働事務次官から各都道府県労働局長宛の通達
3．「基収」　　各都道府県労働局長からの法令の解釈に疑義についての問
　　　　　　　　い合わせに対する厚生労働省労働基準局長による回答
4．「婦発」　　女性（婦人）局長名で発する通達
5．「告示」　　国家、地方公共団体などが、ある事項を公式に広く一般に
　　　　　　　　知らせること。またはそのための形式
6．「公示」　　行政機関等が一定の事項を広く市民に周知させる行為

従業員規模 50 人未満の企業を対象

# ［モデル］就 業 規 則

## ― 条文対応根拠 ―

従業員 50 人未満の企業向け就業規則についての考え方

＊就業規則は、誰に適用するために作成されているのでしょうか。

＊就業規則は、使用者（会社）が一方的に作成することはできますが、従業員にとっては、不利な内容になってしまうおそれがあります。そのため、労基法では、労働者保護の観点から記載すべき内容を具体的に定め、これらの記載がない場合には、使用者（会社）は就業規則の作成義務を果たしたこととしない取扱いになっています。単に会社が決めたルールだけを一方的に羅列しただけの就業規則は、労基法上、適法なものとはいえません。

＊従業員の労働及び労働条件に関する法律は毎年のように改正されることから、最新の法令内容が反映されているかどうかをみる必要があります。

＊改正後の運用が法令に違反していないかを確認し、法令に即した形での運用及び規定方法を検討のうえ、場合によっては従業員の同意を得ることも必要です。

＊就業規則は、労使双方がその規定を遵守するものですから、双方からみて内容が明確になっている必要があります。

＊中小企業の中には、就業規則に関係のある法律及びその具体的な内容について、よく知らない従業員が多いことから、少しでも理解促進のために「規定」と「条文対応根拠」を一緒にした「就業規則のひな型」を作成したものです。

# 目 次

## 第1章　総　則

第1条（目　的）

　この規則は、○○○○株式会社（以下「会社」という。）の従業員の就業に関する労働条件及び服務規律に関する事項を定めたものである。

▷服務規律

　歴史的には、就業規則は当初、服務規律と制裁に関する規定を内容とするものとして生まれたといわれている。その後、昭和22年に労働基準法が制定されるにあたり、初めて「就業規則」が法律で作成届出が義務化された。
⇒常時50人以上の工場事業場に義務（工場法施行令第27条の4）

▷就業規則
■作成及び届出義務（労基法第89条）
・絶対的必要記載事項
・相対的必要記載事項
・任意的記載事項
・労働契約との関係（労基法第93条）

▷就業規則の記載内容

　労基法第89条第1号～第10号以外に育児・介護休業法、高年齢者等雇用促進法、労働契約法等の労働条件の内容として就業規則に記載する。

■法令及び労働協約との関係（労基法第92条）
「就業規則は、法令又は当該事業場について適用される労働協約に反してはならない。」
⇒就業規則が法令に「反してはならない」とは、就業規則の内容が法律、政令及び省令に定められている強行法規に違反してはならないと解される。
＜判例＞秋北バス事件（最大昭43.12.25）

▷労働条件と就業規則
■労働契約の成立（労契法第7条）
「・・・労働契約を締結する場合において、使用者が合理的な労働条件が定められている就業規則を労働者に周知させていた場合には、労働契約の内容は、その就業規則で定める労働条件によるものとする。」

■就業規則違反の労働契約（労契法第12条）
「就業規則で定める基準に達しない労働条件を定める労働契約は、その部分については、無効とする。この場合において、無効となった部分は、就業規則で定める基準による。」

⇒この規則に達しない規程を定めた個別の労働契約の効力はなく、この就業規則によるとされている。

第 2 条（従業員の定義）

　従業員の定義は、次の区分とする。

（1）正社員

　期間の定めのない労働契約により、正社員として雇用した者をいう。

（2）契約社員

　期間の定めのある労働契約により、契約社員として雇用された者をいう。

（3）パートタイマー

　週の所定労働時間が短く、かつ、有期労働契約により雇用された者をいう。ただし、労働契約法に基づく無期転換社員を含む。

▷労働者の定義

■定義（労基法第 9 条）

「この法律で『労働者』とは、職業の種類を問わず、事業又は事務所（以下『事業』という。）に使用される者で、賃金を支払われる者をいう」

■定義（労契法第 2 条）

「この法律において『労働者』とは、使用者に使用されて労働し、賃金を支払われる者をいう」

「この法律において『使用者』とはその使用する労働者に対して賃金を支払う者をいう」

■無期転換社員（労契法第 18 条）

「この法律で『無期転換社員』とは、有期労働契約が 5 年を超えて更新され、有期契約労働者（契約社員やアルバイトなどの名称を問わず）の申込みにより、期間の定めのない労働契約（無期労働契約）に転換されたものをいう。」

・無期契約社員

・無期パートタイマー等

第 3 条（適用範囲）

　この規則は、前条第 1 号の正社員に適用し、この規則で従業員とは、前条第 1 号に定める正社員をいう。

2　契約社員及びパートタイマー等の労働条件に関しては、別に定める規則及び個別労働契約書による。ただし、この規則で別段の定めをしたときは、その規定を適用する。

▷適用範囲

勤務時間等の労働条件、雇用期間や特殊な職務に従事する者等、採用や雇用契約の内容の違いにより正社員と区別して就業規則を適用する場合は、別に就業規則を作成し周知しておくことが労働契約上必要である。

〔通達〕一部の労働者に適用される別個の就業規則（昭 63.3.14 基発 150 号、平 11.3.31 基発 168 号）

第 4 条（労働条件の変更）

　この規則に定める労働条件及び服務規

▷労働条件の変更

■就業規則による労働契約の内容の変更（労契法第 9 条）

「使用者は、労働者と合意することなく、

---

律等については、経営環境の変化に伴い、業務上必要があると認める場合は、従業員の過半数を代表する者の意見を聴収し、改定することがある。

就業規則を変更することにより、労働者の不利益に労働契約の内容である労働条件を変更することはできない。」

〔通達〕労働者の過半数代表者の要件（平11.1.29 基発 45 号、平 22.5.18 基発 0518 第 1 号）

〔通達〕労働者の過半数代表者の選出手続（平 11.3.31 基発 169 号）

## 第5条（規則遵守の義務）

従業員は、この規則及びその他の規則・規程を遵守し、その義務を履行し、企業秩序の維持に努めなければならない。

■基本原則（民法第 1 条第 2 項）
「権利の行使及び義務の履行は、信義に従い誠実に行わなければならない」（⇒参考「服務規律」）

■労働条件の決定（労基法第 2 条第 2 項）
「労働者及び使用者は、労働協約、就業規則及び労働契約を遵守し、誠実に各々その義務を履行しなければならない。」

■労働契約の原則（労契法第 3 条第 4 項）
「労働者及び使用者は、労働契約を遵守するとともに、信義に従い誠実に、権利を行使し、及び義務を履行しなければならない。」

## 第2章　人　事

### 第1節　採　用

第6条（採　用）

　　会社は、入社を希望する者の中から、選考試験に合格した者を採用する。

▷採用に関する内容
①採用の要件
②募集、選考の方法と手続
③応募時及び採用時に提出すべき書類等と手続
④試用期間の定め
等が挙げられる。

■性別を理由とする差別の禁止（均等法第5条）
「事業主は、労働者の募集及び採用について、その性別にかかわりなく均等な機会を与えなければならない。」

◎「公正な採用選考をめざして」
厚生労働省リーフレット

第7条（採用選考）

　　会社は、入社希望者に対し、次の書類の提出を求めたうえで、書類選考、面接、試験を行い、合格者を決定する。ただし、会社が認めた場合は、書類の一部を省略することがある。

(1) 履歴書（提出日前3か月以内に撮影した写真を貼付すること）

(2) 職務経歴書（中途採用者）

(3) 卒業（見込）証明書及び学業成績証明書

(4) その他会社が必要とするもの

▷個人情報
■個人情報保護法第2条第1項
「この法律において『個人情報』とは生存する個人に関する情報であって、次の各号のいずれかに該当するものをいう。」
「当該情報に含まれる氏名、生年月日その他の記述等で作られる記録をいう。」

第8条（採用決定者の提出書類）

　　新たに採用された従業員は、会社が指定する日までに次の書類を提出しなければならない。ただし、会社が認めた場合は、提出書類の一部を省略することがある。

▷採用決定者の提出書類
　提出書類には、従業員の身分を正確に把握できるものも含まれているため、重要な書類となる。労基法第21条（試みの使用期間）では採用の日から14日以内の解雇であれば、解雇予告又は予告手当を必要としないため、できるだけ早く、この間に本採用とするか否かの判断ができることが望ましい。したがって、提出書類はできるだけ早い日を特定して徴収するのがよい。

217

(1) 雇用契約書

(2) 誓約書

(3) 身元保証書　※

(4) 住民票記載事項証明書（個人番号の記載がないもの。ただし、第 2 項 (1) ② を提出する場合は省略できる）

(5) 健康診断書

(6) 源泉徴収票（入社の年に給与所得のあった場合）

(7) 雇用保険被保険者証（前職のある場合）

(8) 年金手帳

(9) その他会社が必要とする書類

2　前項のほか、個人番号（マイナンバー）の確認書類として、次の各号の書類の提出を求める。

(1) マイナンバーカードの写し又は個人番号が記載された次の各項目のいずれか及び写真付き身分証明書の写し

①個人番号通知カード

②住民票記載事項証明書（個人番号の記載があるもの）

(2) 個人番号利用に関する承諾書

第 9 条（個人情報の取り扱い）

　　会社は、労働契約の締結時に得た個人情報の管理について、これらの情報の開示及び利用は慎重に取り扱うとともに、次の各号の目的のために利用する。

(1) 従業員の配置、昇進、異動、退職及び解雇

(2) 賃金等処遇決定、計算及び記録保持

〔通達〕住民票記載事項の証明書（昭 50.2.17 基発 83 号、昭 63.3.14 基発 150 号、平 11.3.31 基発 168 号）

※身元保証書（身元保証法）
⇒賠償に関する上限額を定めなければならない（定めがない場合は契約は無効）
民法第 465 条の 2 の個人根保証契約の責任等による極度額の設定等の規制を受けると解されている。身元保証には、この責任の範囲を限定する極度定めがない場合には身元保証契約が無効となる。そこで、極度額の定めが必要である。

▷個人情報の利用目的
■個人情報保護法（個人情報の保護に関する法律　平 15.5.30 施行）

▷個人情報の取扱い
　「個人情報」とは、氏名、性別、生年月日、その他の記述等により、特定個人の識別可能な情報をいう。例として、会社の所属と本人の名前を組み合わせた情報、家族構成や給与、健康診断結果等について、事前に当人への通知義務がある（個人情報保護法第 2 条第 1 項、第 2 項）。そのため就業規則にあらかじめ使用目的を明示しておく。

　(3) 所得税及び社会保険の諸手続

　(4) 教育訓練、表彰及び制裁

　(5) 福利厚生、安全衛生、災害補償及び災害時緊急通報

　(6) 上記のほか、人事管理及び雇用管理上必要な事項

2　前条の個人番号（マイナンバー）は、次の各号の目的のために利用する。

　(1) 給与所得及び退職所得に係る源泉徴収事務

　(2) 社会保険全般（健康保険・介護保険・厚生年金保険・第3号被保険者）の保険届出及び申請事務

　(3) 雇用保険届出及び申請事務

　(4) 雇用関連の給付金申請事務

　(5) その他法令等により個人番号（マイナンバー）を利用する業務が新たに生じたときは、別途明示することがある。

3　前各号の個人情報（マイナンバーを含む）の保護及びその具体的取扱いについては、別に定める個人情報保護規程による。


第10条（労働条件の明示）

　会社は、従業員との労働契約の締結に際し、雇用契約書（労働条件通知書を兼ねるものを含む。）及びこの規則を交付して、次の内容を明示する。

　(1) 労働契約の期間（期間の定めがない場合はその旨）に関する事項

　(2) 就業の場所及び従事する業務に関する

▷マイナンバー利用目的
■マイナンバー法第9条
「会社は、個人情報を取り扱うにあたってはその利用目的を出来る限り特定しなければならない。」

▷個人情報保護規程

〔告示〕雇用分野における個人情報保護に関するガイドライン（平成27厚生労働省告示第454号　一部改正）

■個人情報保護法
個人情報の保護に関する法律についてのガイドライン

◎「雇用管理分野における個人情報保護に関するガイドライン」（平24.5.14厚生労働省告示第357号）
※雇用管理に関する個人情報
※健康管理に関する個人情報

◎「雇用管理に関する個人情報の適正な取扱いを確保するために事業者が講ずべき措置に関する指針」

▷労働条件の明示
■労基法第15条第1項
■労基則第5条
■労働契約の内容の理解の促進（労契法第4条第2項）
「労働者及び使用者は、労働契約の内容（期間の定めのある労働契約に関する事項を含む。）について、できる限り書面により確認するものとする。」

〔通達〕賃金に関する事項以外の書面により明示すべき事項（平11.1.29基発45号）

事項

(3) 始業及び終業の時刻、所定労働時間を超える労働の有無、休憩時間、休日、休暇に関する事項

(4) 賃金の決定、計算及び支払方法並びに賃金の締切り及び支払時期に関する事項

(5) 退職に関する事項（解雇の場合の事由を含む）

〔通達〕書面明示の方法（平 11.1.29 基発 45 号）
⇒書面の様式は自由であること

〔通達〕書面により明示すべき賃金に関する事項（昭 51.9.28 基発 690 号、昭 63.3.14 基発 150 号、平 11.3.31 基発 168 号）

〔通達〕労働契約締結時の解雇事由の明示（平 15.10.22 基発 1022001 号）

〔通達〕退職手当に関する事項（昭 63.1.1 基発 1 号、昭 63.3.14 基発 150 号、平 11.3.31 基発 168 号）

第 11 条（試用期間）

新たに採用した者については、原則として採用した日から 3 か月間を試用期間とする。ただし、会社が必要と認めたときは、この期間を延長、又は短縮することがある。

2　試用期間中又は試用期間満了時に、技能、勤務態度、人物評価及び健康状態等に関して従業員として不適当と認めた場合は、採用を取消すことがある。

3　試用期間を満了した従業員は、本採用とし、試用期間は勤続年数に通算する。

＜判例＞地位確認請求事件（神戸弘陵学園事件＝最三小平 2.6.5）
⇒採用時に期間を定めた場合の試用期間と雇用期間の解釈

〔通達〕試の使用期間中の解雇（昭 24.5.14 基収 1498 号）
「…試みの使用期間を 30 日と定めていても、それに関わりなく 14 日を超えれば解雇予告が必要となる。」

第 12 条（本採用の取消）

会社は、試用期間中の従業員が次の各号のいずれかに該当し、従業員として不適当であると認められる場合は、採用を取消す。

(1) 遅刻及び欠勤並びに早退が多い、又は休みがちである、勤務状況が悪く指導しても改善が見込めないとき

▷本採用取消
労基法の改正により、退職及び解雇についての事由を明示することが必要となる。本採用拒否は実質上解雇となるが、本採用拒否のほうが通常の解雇よりもその正当事由の範囲は広いものと解される。

＜判例＞大日本印刷事件（最二小昭 54.7.20）
⇒試用期間付きで採用した社員に対する本採用拒否

(2) 必要な教育はしたが、職務を遂行する
　　能力が不足しているとき

(3) コミュニケーション能力が不足してい
　　るとき

(4) 上司の指示に従わない、他の従業員と
　　の協調性がない、やる気がない等、勤
　　務態度が悪いとき

(5) 健康状態が悪く、業務に耐えられない
　　と会社が判断したとき

(6) この規則に定める解雇事由に該当した
　　とき

(7) その他前各号に準じる事由が生じたと
　　き

2　試用期間中の従業員には、この規則に定
　める休職規定は適用しない。

3　採用の日から14日を経過した者の採用
　取消については、30日前に本人に予告し、
　又は平均賃金の30日分に相当する予告手
　当を支給する。

＜判例＞三菱樹脂事件（最大昭48.11.11）
⇒試用期間中の本採用の拒否のような留保
　解約権に基づく解雇は、通常の解雇とは
　同一ではなく、広い範囲での解雇が認め
　られる。

〔通達〕試の使用期間中の解雇（昭24.5.14
基収1498号）
…試みの使用期間を30日と定めていて
　も、それに関わりなく14日を超えれば
　解雇予告が必要となる。

〔通達〕労働者の責に帰すべき事由
（昭23.11.11基発1637号）

■解雇予告の適用除外（労基法第21条第
　4号）
「試みの使用期間中の者。ただし、…14
日を超えて引き続き使用されるに至った場
合は、この限りでない。」

■解雇の予告（労基法第20条）

## 第2章　人　事

### 第2節　異　動

第13条（異　動）

　会社は、業務の都合により、従業員に異動を命ずることがある。

2　前項で定める異動を行った場合、従業員の処遇が変わることがある。

3　異動を命じられた従業員は、会社が正当と認める理由がない限りこれを拒むことはできない。

4　会社は、従業員に異動を命じる場合、子の養育又は家族の介護を行うことが困難となる従業員がいるときは、当該従業員の子の養育又は家族の介護の状況に配慮し、また、当該従業員の不利益が少なくなるように努める。

5　第1項で定める異動は、次のとおりとする。

　(1) 配置転換　　同一事業場内での担当業務等の異動
　(2) 職種変更　　職種の異動等
　(3) 転　　勤　　勤務地の変更を伴う所属部門の異動

第14条（テレワーク・在宅勤務）

　テレワーク勤務とは、通信機器を用いて業務遂行することであり、業務を行う場所として、主として従業員が自宅で行う在宅勤務をいう。

2　テレワーク勤務を運用する場合に、業務の都合により臨時的・一時的に運用する

＊就業規則等で配置転換応諾義務があることを規定しておくとよい。

＊入社の際の労働契約書や就業規則に定めている配転応諾義務を明示して、包括的に異動について同意を得ておくことが必要となる。具体的な要件は求められていないため、配転応諾義務のあることを規定しておくのみでよい。

▷異動に関する懲戒処分
　正当な理由なく異動命令に拒否した場合
⇒第72条第7号により、論旨解雇・懲戒解雇に該当する可能性がある。

■労働者の配置に関する配慮（育児・介護休業法第26条）

▷テレワーク勤務
①育児・介護休業取得対象者のため
②感染症拡大防止対策のため
③会社が特に必要と認めた者のため

　場合と恒常的な制度を運用する場合があ
　る。
3　テレワークの対象業務、対象者、労働条
　件、労務管理等については、別に定める
　テレワーク規程による。

### 第3節　休職・復職

第15条（休　職）

　従業員が、次の各号のいずれかに該当した場合は、休職を発令する。ただし、勤続期間が6か月に満たない者については適用しない。

(1) 業務外の傷病により欠勤が継続、断続を問わず日常業務に支障をきたす程度に続くと認められるとき

(2) 身体又は精神の疾患により労務提供が不完全なとき

(3) 前各号の他、特別の事情があって休職させることを必要と認めたとき

2　前項第1号又は第2号の休職を発令する場合、従業員は医師の診断書又は証明書その他休職事由に該当する事実を証明できる書類を提出しなければならない。

第16条（休職期間）

　休職期間は次のとおりとする。ただし、休職期間は、会社が特に必要と認めた場合には、延長することがある。

(1) 「業務外の傷病（前条第1項第1号）」「身体又は精神の疾患（同第2号）」のときは、

勤続年数6か月以上5年未満の者
……6か月

勤続年数5年以上の者……1年

(2) 「特別の事情（同第3号）」のときは、その必要な範囲で会社の認める期間。

▷休職

　休職とは、従業員を業務に従事させることが不能又は適当でない場合、一定期間在籍したまま就労義務を免除して、就労させない在職中の特別な扱いをいう。

　私傷病休職制度は、従業員が業務外で負傷又は病気になり一定期間の欠勤を続ける場合、会社が休職を命じる制度である。また、復職の可能性が医学的に認められない傷病の場合は、休職制度の対象とならないと解される。

　精神疾患の場合、労務提供の質と量が不完全になる場合が増える。また、同じ職場で働く他の従業員にも悪影響を及ぼし全体の士気が低下することも考えられる。一般に精神疾患にかかっている場合は、欠勤が断続的に続いたうえで、また出社してくるため、例えば「1か月以上欠勤が続いたとき」という規定では休職を命じることは難しく、欠勤が継続していなくても不完全な労務提供しかできないとの理由で休職の取扱いができるようにする。

▷休職期間

　休職期間は、会社に在籍しつつ、一定期間の労働を免除する制度であり、この期間は、中小規模の会社では無給であることが一般的となる。しかし、健康保険法により傷病手当金（受給開始より1年6か月まで）が受給できることが多い。

　休職期間は、長期となることもあり、また休職期間中は、会社、従業員双方に社会保険料が発生し、そのことが負担となる場合もあることから、現実的な期間設定が必要である。

　　ただし、会社が必要と認めた場合は延
　　長させることがある。
2　休職期間は、原則として、勤続年数に通
　算しない。ただし、会社の業務の都合に
　よる場合及び会社が特別な事情を認めた
　場合は通算する。
3　休職期間中は、無給とする。
4　休職期間中で、給与が支払われない月に
　おける社会保険料の従業員負担分、住民
　税、その他本人負担分は、会社の指定日
　までに、会社指定の銀行口座に振り込ま
　なければならない。

第17条（復　職）
　　休職中の従業員（第15条第1項第1号
　及び第2号）が復職を希望する場合には、
　医師の診断書を添えて、復職願いを提出
　しなければならない。
2　前項の規定により休職期間満了時まで
　に治癒、又は復職後ほどなく治癒するこ
　とが見込まれると会社が認めた場合に復
　職させる。また、この場合には、必要に
　応じて会社が指定する医師の診断及び診
　断書の提出を命じることがある。
3　治癒とは、休職前に従事していた業務を
　通常の程度に行える健康状態に回復する
　ことをいい、傷病の完治・寛解をいうも
　のではない。

第18条（休職期間の通算）
　　休職が傷病によるものの場合、同一傷
　病又は類似の傷病による休職の中断期間

＜判例＞平仙レース事件（浦和地裁昭
40.12.16）
「治癒」の原則・・・「従前の職務を通常の
程度に行える健康状態に復したときをい
う」

▷復職時の留意点
　「身体又は精神の疾患により労務提供が
不完全なとき」の場合、①本人の意思だけ
では判断しない、②本人が自主的に持って
きた診断書だけでは判断しない、③傷病内
容によっては配置転換などを考える。
　本人が復職を希望したとしても、実際に
通常どおり勤務できるかどうかの確認の義
務は、会社が負っている（安全配慮義務）。
また、従業員個人が関係する医師は、従業
員の意に沿った診断書を作成する可能性が
あるため、会社の指定する医師に診てもら
うことがよい。

◎職場復帰に関するガイドライン
「心の健康問題により休業した労働者の職
場復帰支援の手引き」
（厚生労働省　改定令2.7）

▷休職期間の通算
　復職したものの、しばらくしてから同一
傷病等により休職するケースがある。休職
を繰り返すのであれば、本来の休職の意味

が 6 か月未満の場合は、前後の休職期間を通算する。

### 第 19 条（復職の取消し）

　従業員が、復職後 6 か月以内に同一ないし類似の事由により、欠勤又は通常の労務提要ができない状況に至ったときは、休職を取消し、直ちに休職とする。

2　前項の場合の休職期間は、復職前の休職期間の残余の内とする。

### 第 20 条（休職期間満了による退職）

　休職を命ぜられた従業員が、休職期間を満了してもなお傷病が治癒せず就業が困難な場合は、原則として、休職期間満了の日をもって退職とする。

---

が失われてしまうため通算制度を規定し、防止することが必要である。

＜判例＞アロマカラー事件（東京地裁昭 54.3.27）
⇒休職期間満了時に傷病が「治癒」しなかった場合に、「従前の労務と異なる労務を受領する義務はない」として従業員を退職としたことが有効とされた例

▷規定退職・・・就業規則に定めることによる退職
　休職期間が満了しても復職できない場合について、あらかじめ「期間満了時において、なお休職事由があるときは退職する」等明確に規定しておくのが望ましい。この場合は、定年による退職と同じ規定退職の扱いになる。（昭 27.7.25 基収 1628 号、電機学園事件＝東京地裁昭 30.9.22）

## 第4節　定年、退職、解雇

### 第21条（定　年）

　　従業員が、満60歳に達した日をもって定年退職とする。

2　前項にかかわらず、定年に達した従業員が希望する場合、次に該当する場合を除き、定年退職の翌日から引き続き満65歳に達するまで再雇用とする。

　(1) 定年退職日において傷病休職中のとき

　(2) 健康診断結果等において勤務上の配置措置が必要とされているとき

　(3) 就業規則の解雇事由に該当する不適格事由のあるとき

3　再雇用後の賃金その他労働条件等については、個別の労働契約により定める。

### 第22条（退　職）

　　従業員が、次の各号のいずれかに該当するに至った場合は退職とし、次の各号に定める事由に応じて、それぞれ定められた日を退職の日とする。

　(1) 本人が死亡したとき……死亡した日

　(2) 定年に達したとき……満60歳に達した日

　(3) 本人の都合により退職を願い出て会社が承認したとき……会社が承認した日

　(4) 役員に就任したとき……就任日の前日

　(5) 従業員の行方が不明となり1か月以上連絡がとれないときで、解雇手続をとらないとき……1か月経過した日

■改正高年齢者等雇用安定法第9条
　「定年（65歳未満のものに限る。以下この条において同じ。）の定めをしている事業主は、その雇用する高年齢者の65歳までの安定した雇用を確保するため、次の各号に掲げる措置（以下「高年齢者雇用確保措置」という。）のいずれかを講じなければならない。

　①当該定年の引上げ
　②継続雇用制度（現に雇用している高年齢者が希望するときは、当該高年齢者をその定年後も引き続いて雇用する制度をいう。以下同じ。）の導入
　③当該定年の定めの廃止
　（平25.4.1）

▷ 70歳までの就業機会の確保
■改正高年齢者等雇用安定法（令3.4.1.施行）
　改正高年齢者等雇用安定法（第9条）により義務化されていた①～③に加えて新たに

　④業務委託契約の締結
　⑤社会貢献事業への参加支援

の①から⑤までいずれかの導入が努力義務として課された。

■労基法第89条（作成及び届出義務）「3.退職に関する事項（解雇の事由を含む）」

〔通達〕就業規則の記載事項
主旨「解雇をめぐる紛争を未然に防止する観点から、就業規則の絶対的必要記載事項である「退職に関する事項」には「解雇の事由」が含まれることを法律上明らかにして者である」（平15.10.22 基発1022001号）

＊休職期間満了は退職扱いとしておく（⇒規定退職）。解雇扱いの場合は、解雇予告が必要となる。
＊有期雇用契約の者もこの就業規則を適用する場合は、契約期間の満了による退職扱いも規定しておく必要がある。

〔通達〕退職の事由（平11.1.29 基発45号、平15.12.26 基発1226002号）
退職の事由とは、自己都合退職、勧奨退職、解雇、定年退職等従業員が身分を失った事

(6) 休職期間が満了しても休職事由が消滅
しないとき……期間満了の日

第23条（解　雇）

　　従業員が、次の各号のいずれかに該当
する場合は、解雇する。

(1) 心身の不調、又は虚弱、傷病、その他
の理由により業務に耐えられない、又
は労務提供が不完全であると認められ
るとき

(2) 協調性がなく、注意及び指導しても改
善の見込みがないと認められるとき

(3) 職務の遂行に必要な能力を欠き、かつ、
他の職務に転換させることができない
とき

(4) 勤務意欲が低く、これに伴い勤務成績、
勤務態度その他の業務能率全般が不良
で業務に適さないと認められるとき

(5) 正当な理由なく遅刻及び早退、並びに
欠勤及び直前休暇要求が多く、労務提
供が不完全であると認められるとき

(6) 特定の地位、職種又は一定の能力を条
件として雇入れられた者で、その能力
及び適格性が欠けると認められるとき

(7) 重大な懲戒事由に該当するとき、又は
服務規律に関して重大な違反があった
とき

(8) 軽微な懲戒事由に該当する場合であっ
ても、改悛の情が認められず、又は繰
り返して改善の見込みがないと認めら
れるとき

由を示す。

■解雇（労契法16条）

〔通達〕労働契約法の施行について（解
雇）（平 24.8.10 基 発 0810 第 2 号、 平
30.12.28 基発 1228 第 17 号その他）。
「解雇は、客観的に合理的な理由を欠き、
社会通念上相当であると認められない場合
は、その権利を濫用したものとして、無効
とする。」

＜判例＞日本食塩製造事件（最二小昭
50.4.25）
「客観的にみて合理的で社会通念上相当な
理由が必要で、これを欠く場合は一般的に
解雇権の濫用として無効となる。」（民法
第1条第2項（信義則）、第3項（権利濫用）、
民法第90条（公序良俗）

▷やむを得ない事由
〔通達〕「やむを得ない事由」とは、天災事
変に準ずる程度に不可抗力に基づき、かつ、
突発的な事由の意であり、事業の経営者と
して、社会通念上採るべき必要な措置を以
てしても通常如何ともし難いような状況に
ある場合をいう。（昭 63.3.14 基発 150 号）

■退職に関する事項（解雇の事由含む。）（労
　基法第89条第3号）
　就業規則の絶対的必要記載事項に「解雇
の事由」を含めること。

＜判例＞日経新聞社事件（東京地裁昭
45.6.23）
「その他前各号に準ずるやむを得ない事由
があるとき」という包括的条項について、
裁判例で「必ずしも具体的に各号に該当す
る必要はなく、包括的にみて解雇を相当と
するすべての場合を含む」と解されている。

(9) 非違行為が繰り返し行われたとき

(10) 会社の従業員としての適格性がない
　　と判断されるとき

(11) 天災事変その他やむを得ない事由に
　　より、事業の継続が不可能となり、雇
　　用を維持することができなくなったと
　　き

(12) 事業の縮小その他会社のやむを得な
　　い事由がある場合で、かつ、他の職務
　　に転換させることもできないとき

(13) その他前各号に準ずるやむを得ない
　　事由があるとき

第 24 条（解雇の予告）

　会社は、従業員を解雇する場合は、30
日前に本人に予告し、又は平均賃金の 30
日分に相当する解雇予告手当を支給して
行う。ただし、次の各号に定める者を除く。

(1) 2 か月以内の期間を定めて雇用した者

(2) 試用期間中の者であって採用の日から
　　14 日以内の者

2　会社は、次の事由により所轄労働基準監
　督署長の認定を受けた場合は、前項の前
　段の規定は適用しない。

(1) 天災事変その他やむを得ない事由のた
　　め、事業の継続が不可能となったとき

(2) 本人の責に帰すべき事由によって解雇
　　するとき

3　第 1 項本文の予告日数については、予
　告手当を支払った日数だけ短縮すること
　ができる。

■労基法第 20 条（解雇の予告）

〔通達〕解雇予告手当を支払わなければ即
時解雇そのものが成立しないため、その支
払いは解雇の申渡しと同時に行わなければ
ならない。ただし、解雇予告と解雇予告手
当を併用するときは、実際の解雇日までに
支払えば足りる。（昭 23.3.17 基発 464 号）

〔通達〕30 日以上前の予告と予告期限到来
後の解雇（昭 24.6.18 基発 1926 号）

〔通達〕予告期間及び予告手当の支払いの
無い解雇（昭 24.5.13 基収 1483 号）

〔通達〕予告手当の支払い方法（昭 23.8.18
基収 2520 号、昭 63.3.14 基発 150 号）

〔通達〕試の使用期間中の解雇（昭 24.5.14
基収 1498 号）

▷やむを得ない事由
■労基法第 19 条（解雇制限）
「…天災事変その他やむを得ない事由のた
めに事業の継続が不可能となった場合…
2．前項但書後段の場合においては、その
事由について行政官庁の認定を受けなけれ
ばならない。」
〔通達〕事業の継続が不可能になる（昭
63.3.14 基発 150 号）

第 25 条（解雇の制限）

　　従業員が、次の各号に該当する場合は、それぞれ各号に定める期間中は、解雇しない。

　(1) 業務上の傷病による療養のために休業する期間及びその後 30 日間

　(2) 産前産後の女性従業員が休業する期間及びその後 30 日間

2　前項の規定に関わらず、次の各号に該当した場合は、解雇することができる。

　(1) 天災事変その他やむを得ない事由のため、事業の継続が不可能となった場合で、労働基準監督署長の認定を受けたとき

　(2) 打切補償を支払ったとき

第 26 条（退職及び解雇時の手続）

　　従業員が、自己の都合により退職しようとする場合は、原則として退職予定日の 30 日前までに、少なくとも 14 日前までに退職願を提出しなければならない。

2　従業員が退職し又は解雇された場合は、会社から貸与された物品、健康保険証、会社所有の文書、入館カード、USB メモリー等の記録媒体その他会社に属するものを直ちに返還し、又は破棄しなければならない。

3　従業員は、会社に債務があるときは、退

〔通達〕従業員 ( 労働者 ) の責に帰すべき事由（昭 23.11.11 基発 1637 号、昭 31.3.1 基発 111 号）

■解雇制限（労基法第 19 条）
■解雇（労契法第 16 条）

■業務上の負傷疾病休業（労基法第 76 条）
■産前産後休業（労基法第 65 条）

■行政官庁の認定（労基則第 7 条）

▷打切補償

▷退職願
▷退職届

職又は解雇の日までに精算しなければな
らない。また、返還のないものについては、
相当額を弁済しなければならない。

4　会社は、従業員が退職し又は解雇された
　ときは、退職又は解雇の日から 1 か月以
　内の賃金支払日に賃金を支払い、その他
　必要な手続を行う。また、従業員の権利
　に属する金品について返還する。

5　退職し又は解雇された従業員が、解雇理
　由証明書、退職証明書等の交付を請求し
　たときは、会社は遅滞なくこれを交付す
　る。

6　会社は、定年退職、自己都合退職、解雇
　の区別を問わず、必要に応じて、退職者
　に機密保持に関する誓約書の提出を求め
　ることがある。提出を求められた退職者
　は、会社が指定した日までに誓約書を会
　社に提出しなければならない。

■金品の返還（労基法第 23 条）
権利者（従業員）の請求前提

■退職時等の証明（労基法第 22 条）
〔通達〕使用者の交付義務①、②、③（平
11.3.31 基発 169 号）

▷信義則上の秘密保持義務
▷秘密保持誓約書

■営業秘密（損害賠償）
（不正競争防止法第 4 条）
■営業秘密（不正競争防止法第 2 条）

第1節　勤務時間・休憩・休日

第27条（勤務時間及び休憩時間）

　　会社の所定労働時間は、1週間は40時間、1日は8時間とし、始業、終業及び休憩の時間は、次のとおりとする。

　　　始業時刻　　9時00分

　　　終業時刻　　18時00分

　　　休憩時間　　12時00分から13時00分まで

2　従業員は、休憩時間を自由に利用することができる。ただし、外出する場合は、上司に届け出なければならない。また、自由に利用できるといえども、服務規律に反する行為など職場秩序及び風紀を乱す行為若しくは施設管理を妨げる行為はしてはならない。

第28条（始業及び終業の時刻等の変更）

　　会社は、次の各号に該当する場合、全部又は一部の従業員について所定の始業及び終業の時刻を繰上げ又は繰下げることがある。

（1）業務上臨時の必要があるとき

（2）天災事変その他やむを得ない事情があるとき

　　　ただし、前各号に該当する場合も1日

■労働時間（労基法第32条）
「1週40時間、1日8時間」

〔通達〕1週間の法定労働時間と1日の法定労働時間（昭63.1.1 基発1号）
・1週間・・・（原則）日曜日から土曜日までの暦週
・1日・・・午前0時から午後12時までの暦日

〔通達〕始業・終業時刻等が勤務態様等により異なる場合
同一事業場において、労働者の勤務態様、職種等によって始業及び終業の時刻が異なる場合は、就業規則に勤務態様、職種等の別ごとに始業及び終業の時刻を規定しなければならない。（昭63.3.14 基発150号、平11.3.31 基発168号）

■休憩（労基法第34条）
・6時間超…45分
・8時間超…1時間

〔通達〕労働時間が8時間を超える場合の休憩時間
「労働時間とは、実労働時間の意であり、1日8時間を超える場合には、所定労働時間の途中に与えられる休憩時間を含めて少なくとも1時間の休憩時間が与えられなければならない。」（昭22.11.27 基発401号、昭26.10.23 基発5058号）

〔通達〕始業・終業時刻等を変更した場合に、その日の労働時間が通算して1日8時間又は週の法定労働時間以内の場合には割増賃金の支払いは必要ない。
例えば1時間遅刻してきた従業員が終業時刻後に1時間労働したとしても残業とならない扱いとなる（昭22.12.26 基発573号、昭33.2.13 基発90号）。

の所定労働時間を超えない範囲とする。

第 29 条（実労働時間）

　　労働時間とは、会社の指揮命令に基づき実作業を行った時間をいう。

2　始業時刻とは、会社の指揮命令に基づき実作業を開始する時刻のことをいい、終業時刻とは、会社の指揮命令に基づく実作業の終了時刻をいう。

〔通達〕労働時間の適正な把握と管理の為のガイドライン
「労働時間とは、会社の指揮命令下に置かれている時間のことをいい、会社の明示又は黙示の指示により労働者が業務に従事する時間をいう。」（平 29.1.20 基発 0120 第 3 号）

＜判例＞三菱重工業長崎造船所事件（最一小平 12.3.9）
「労基法上の労働時間とは労働者が使用者の指揮命令下に置かれている時間をいう」

第 30 条（1 か月単位の変形労働時間制）

　　所定労働時間は、毎月 1 日を起算日とする 1 か月単位の変形労働時間制による場合がある。この変形労働時間制は、1 か月平均して 1 週 40 時間以内の範囲で所定労働日、所定労働日ごとの始業及び終業の時刻は、従業員にあらかじめ就業カレンダー等で明示する。

■ 1 か月単位の変形労働時間制（労基法第 32 条の 2）

■変形労働時間制の起算日（労基則第 12 条の 2）
「就業規則等により、… 期間の起算日を明らかにする。」

〔通達〕労働時間の特定（昭 63.1.1 基発 1 号、平 9 .3.25 基発 195 号、平 11.3.31 基発 168 号）
「就業規則においては、各日の労働時間の長さだけでなく、始業及び終業の時刻を定める必要がある。」

第 31 条（フレックスタイム制）

　　会社が必要と認めた場合は、労使協定を締結し、毎月 1 日を起算日とするフレックスタイム制を実施することができる。この場合、始業及び終業時刻は、従業員の決定に委ねる。

2　始業及び終業の時刻を従業員の決定に委ねる時間帯（以下「フレキシブル・タイム」という。）並びに勤務しなければならない時間帯（以下「コア・タイム」と

■フレックスタイム制（労基法第 32 条の 3）

■変形労働時間制の起算日（労基則第 12 条の 2）
「就業規則等により、… 期間の起算日を明らかにする。」

■フレックスタイム制の労使協定で定める事項（労基則第 12 条の 3）
・標準となる 1 日の労働時間
・労働者が労働しなければならない時間帯を定める場合には、その時間帯の開始及び終了の時刻
・労働することができる時間帯に制限を設ける場合には、その時間帯の開始及び終了の時刻

いう。）は、次のとおりとする。

| フレキシブル・タイム | コア・タイム |
|---|---|
| 始業<br>午前8時00分から<br>午前10時00分まで | 午前10時00分から<br>午後3時00分まで |
| 終業<br>午後3時00分から<br>午後7時00分まで | |

〔通達〕法定時間外労働となる時間（平30.9.7 基発0907 第1号）

3　フレックスタイム実施期間内であっても、緊急性若しくは業務上の必要性の高い会議、出張、打合せ、又は他部署又は他社との連携業務がある場合には、会社は出社、出張等を命ずることができる。

〔通達〕時間外・休日労働協定及び割増賃金との関係(平30.12.28 基発1228 第15号)

〔通達〕月60時間の時間外労働に対する割増賃金率の適用（平30.12.28 基発1228 第15号）

4　対象となる従業員の範囲、清算期間、清算期間における総労働時間、標準となる1日の労働時間、その他の事項については労使協定で定める。

〔通達〕労使協定の協定事項（昭63.1.1 基発1号、平9.3.25 基発195号、平31.4.1 基発0401 第43号）

第32条（遅刻等の適用）

　　遅刻、欠勤、早退等により所定労働時間の全部又は一部を休業した場合は、その休業した時間に対応する賃金については、賃金規程に定める。

▷遅刻・早退、欠勤の場合の賃金控除
〔通達〕遅刻・早退の賃金控除（昭26.2.10 基収4214号）
⇒給与・・・規定が、30分単位で、30分に満たない遅刻・早退の時間を常に切上げるという趣旨であるならば、「減給の制裁」として取扱わなければならない。
■制裁規定の制限（労基法第91条）

〔通達〕遅刻・早退の場合の賃金カット（昭63.3.14 基発150号）
「遅刻・早退の時間に対する賃金額を超える減給は制裁とみなされ、法第91条に定める減給の制裁に関する規定の適用を受ける」

第33条（事業場外の労働）

　　従業員が、労働時間の全部又は一部について出張、外勤その他事業場外で業務

■事業場外労働みなし(労基法第38条の2)

〔通達〕一部事業場内労働の場合の算定（昭63.3.14 基発150号）

に従事した場合で、労働時間を算定し難いときは、第 27 条（勤務時間及び休憩時間）に定める所定労働時間労働したものとみなす。ただし、会社が事前に勤務時間の指示をした場合は、労働時間を算定する。

■業務場外労働の時間試算（労基則第 24 条の 2）
「法第 38 条の 2 第 1 項の規定は、法第 4 章の労働時間に関する規定の適用に係る労働時間の算定について適用する。」

〔通達〕みなし労働時間制の適用範囲（昭 63.1.1 基発 1 号）

### 第 34 条（出　張）

従業員が、出張その他会社の用務を帯びて事業場外で業務に従事し、その労働時間を算定し難いときは、所定労働時間労働したものとみなす。ただし、上長があらかじめ別段の指示をした場合は、労働時間を算定する。

▷出張旅費規程
（旅費交通費、日当等の精算）

▷出張者
・出張のみなし労働
・「みなし労働時間制の適用範囲」
（昭 63.1.1 基発 1 号）

### 第 35 条（休　日）

従業員の休日は、以下のとおりとする。
(1) 日曜日
(2) 土曜日
(3) 国民の祝日及びこれに準ずる日
(4) 夏季休暇
(5) 年末年始
(6) その他会社が定める日

■休日（労基法第 35 条）
週に 1 回（原則）、4 週の間に 4 日以上（例外）

■変形労働時間制・変形休日制の起算日（労基則第 12 条の 2 第 2 項）
「4 週 4 日の休日の規定により労働者に休日を与える場合には、就業規則等において、4 日以上の休日を与えることとする 4 週間の起算日を明らかにする。」

▷「毎週」と暦週ではなく「7 日の期間ごとに」の意味。菅野「労働法」P191

### 第 36 条（休日の振替）

会社は、業務上必要がある場合には、前条の休日を振替えることがある。
2　前項の休日の振替を行う場合は、事前に振替による休日を指定して従業員に通知する。

〔通達〕休日の 振替 と代休（昭 23.4.19 基収 1397 号、昭 63.3.14 基発 150 号）
「休日の振替を必要とする場合、休日を振り替えることができる旨の規定を設け、これによって休日を振り替える前にあらかじめ振り替える日を特定して振替えた場合は、当該休日は労働日となり、休日に労働させることにはならない。」

第 37 条（代　休）

　　会社は、業務上の都合によりやむを得ず休日に出勤させた場合は、代休を与えることができる。

第 38 条（適用除外）

　　監督若しくは管理の地位にある者又は機密の事務を取り扱う者については、労働時間、休日及び休憩の規定を適用しない。

2　前項に該当する従業員について、会社は、労働時間の把握と管理を行わない。ただし、当該従業員の健康確保のため、会社はそのものの在社時間等を記録する。

第 39 条（時間外及び休日の労働）

　　会社は、業務上必要がある場合は、別に定める労使協定（以下「36 協定」という。）の範囲で、時間外労働及び休日労働をさせることがある。

2　時間外労働及び休日労働は、原則として所属上長の命令による。業務の都合上、やむを得ず命令を受けずに行った時間外

〔通達〕休日の振替と時間外労働（昭 22.11.27 基発 401 号、昭 63.3.14 基発 150 号）

休日の振替は所定の休日をあらかじめ他の日に変更した場合、当初休日とされていた日は休日ではなく労働日とする制度であり、割増賃金の支払いは必要としない。ただし、振替えることにより当該週の労働時間が 1 週間の法定労働時間を超えるときは、その超えた時間については時間外労働となる。

〔通達〕休日の振替と 代休 （昭 23.4.19 基収 1397 号、昭 63.3.14 基発 150 号）

「代休」は、振替をせずに休日に出勤させた後にその代償としてその後の特定の労働日の労働義務を免除するもので、この休日を与えたとしても休日出勤の性質がかわるものではなく、休日労働の割増賃金が発生する。

▷適用除外の趣旨

　職制上の役付者のうち、労働時間、休憩、休日等に関する規制の枠を超えて活動することが要請されざるを得ない、重要な職務と責任を有し、現実の勤務態様も、労働時間等の規制になじまないような立場にある者に限って、管理監督者として適用の除外が認められる趣旨による。

■労基法第 41 条（労働時間等に関する規定の適用除外）

2　事業の種類にかかわらず、監督若しくは管理の地位にある者又は機密の事項を取扱う者

■時間外及び休日の労働（労基法第 36 条）

■時間外及び休日労働の協定（労基則第 16 条）

⇒所定の「様式」により、所轄労働基準監督署長に届け出なければならない。

■労働時間の延長及び休日の労働を適正なものとするために必要な事項（労基則第 17 条）

〔通達〕労使協定の効力（昭 63.1.1 基発 1 号）

労働基準法上の労使協定の効力は、その協

労働及び休日労働については、本人の申告に基づき確認のうえ認める。

定に定めるところによって労働させても労働基準法に違反しないという免罰効果を持つものであり、労働者の民事上の義務は、当該協定から直接生じるものではなく、労働協約、就業規則等の根拠が必要なものである。

◎厚生労働省告示第 323 号（平 30.9.7）
⇒協定で定める労働時間の延長及び休日の労働について留意すべき事項等に関する指針

第 40 条（妊産婦の労働時間の制限）

　　会社は、妊娠中及び産後 1 年を経過しない女性従業員（以下「妊産婦」という。）が請求した場合は、1 週 40 時間、1 日 8 時間を超えて時間外労働若しくは休日労働又は午後 10 時から午前 5 時までの深夜労働をさせることはない。

■妊産婦の労働時間の制限（労基法第 66 条）
〔通達〕妊産婦の時間外労働、休日労働及び深夜業の制限（昭 61.3.20 基発 151 号、婦発 69 号）

第 41 条（時間外労働の制限・深夜労働の禁止）

　　会社は、次の従業員については、業務の正常な運営を妨げる場合を除き

(1) 1 か月について 24 時間、1 年について 150 時間を超える時間外労働をさせない。

　① 小学校就学の始期に達するまでの子を養育する従業員が、その子を養育するために請求したとき

　② 要介護状態にある家族を介護する従業員が、その対象家族を介護するために請求したとき

(2) 午後 10 時から午前 5 時までの深夜に労働をさせない。

　① 小学校就学の始期に達するまでの子

■時間外労働の制限（育児・介護休業法第 17 条）

■深夜労働の禁止（育児・介護休業法第 19 条、第 20 条）

〔趣旨②〕長時間労働は、健康の確保だけでなく、仕事と家庭生活との両立を困難にし、少子化の原因、女性のキャリア形成を阻む原因、男性の家庭参加を阻む原因となっている。これに対し、長時間労働を是正すれば、ワーク・ライフ・バランスが改善し、女性や高齢者も仕事に就きやすくなり、労働参加率の向上に結び付く。（平 30.9.7 基発 0907 第 1 号）

　　　を養育する従業員が請求したとき
　　② 家族の介護を行う一定の範囲の従業
　　　員が請求したとき
2　前項の請求ができる従業員の範囲、請求
　方法、請求の時期、効力期間及びその他
　の取り扱いについては、育児休業又は介
　護休業規則の定めによる。


第 42 条（非常時災害の時間外労働）
　　会社は、災害その他避けることのでき
　ない事由により臨時の必要がある場合は、
　36 協定の範囲を超えて労働させることが
　ある。

◎非常時災害の時間外労働（労基法第 33
　条）
〔通達〕災害その他避けることのできない
事由によって協定に定める労働時間を超え
て労働させる臨時の必要がある場合につ
いては、更に延長しても差支えない（昭
23.7.27 基収 2622 号、平 11.3.31 基発 168
号）。

▷法令の定める手続
・行政官庁の許可
・事後に遅滞なく届け出


第 43 条（公民権の行使）
　　従業員が、勤務日に選挙、裁判員等そ
　の他公民としての権利を行使するため、
　また公の職務（裁判員を含む。）に就くた
　め、あらかじめ申出た場合は、それに必
　要な時間又は休暇を与える。ただし、業
　務の都合により、勤務時間については、
　その時刻を変更することがある。
2　前項の時間又は休暇は、原則、無給とす
　る。

■公民権行使の保障（労基法第 7 条）

〔通達〕公民権行使の時間の給与
（昭 22.11.27 基発 399 号）
「本来の規定は、給与に関しては何等ふれ
ていないから、有給たると無給たるとは、
当事者の自由に委ねられた問題である。」

〔通達〕公民権行使の範囲（昭 63.3.14 基
発 150 号）

〔通達〕公の職務（昭 63.3.14 基発 150 号、
平 17.9.30 基発 0930006 号、令 2.2.14 基発
0212 第 12 号）
・裁判員


第 44 条（生理日の措置）
　　会社は、生理日の就業が著しく困難な
　女性従業員が請求したときは、1 日又は半

■生理日の就業が著しく困難な女性に対す
　る措置（労基法第 68 条）
〔通達〕（昭 61.3.20 基発 151 号、婦発 69 号）
〔通達〕休暇中の賃金（昭 23.6.11 基収
1898 号、昭 63.3.14 基発 150 号、婦発 47 号）

日若しくは請求があった時間における就労を免除する。

2　この措置による日又は時間については、無給とする。

・・・その間の賃金は労働契約、労働協約又は就業規則で定めるところによって支給しても、しなくても差支えない。

第 45 条（産前産後の休業）

会社は、出産予定の女性従業員が休業を請求した場合には、出産予定日の 6 週間前（多胎妊娠の場合は 14 週間前）から出産日前まで就業させない。

2　産後は請求の有無にかかわらず、出産日から 8 週間は就業させない。ただし、産後 6 週間を経過し、本人から請求があった場合には、医師により支障がないと認められた業務へ就業させることがある。

3　産前産後休業は、無給とする。

■産前産後（労基法第 65 条）

■期間の計算（民法第 140 条）
〔「日」「週」「月」「年」で定められた期間の起算点〕
日、週、月または年で期間が定められている場合は、期間の初日は数えず翌日を起算日（第 1 日）とする（原則）。

▷出産予定日の確認（医師の証明書又は母子手帳の写し等）

第 46 条（母性健康管理）

妊産婦である従業員は、母子保健法に定める健康診査又は保健指導を受診するために必要な時間を請求することができる。

2　妊産婦である従業員は、医師等から妊娠又は出産に関し指導された場合、その指導事項を守ることができるようにするため、所定労働時間の短縮、休憩時間の延長、作業の軽減、休業等の措置を会社に申出することができる。

3　前第 2 項の適用を受けた場合、その間の賃金は無給とする。

■妊娠中及び出産後の健康管理に関する措置（均等法第 12 条）
「事業主は、厚生労働省令で定めるところにより、その雇用する女性労働者が母子保健法（昭和 40 年法律第 141 号）の規定による保健指導又は健康診査を受けるために必要な時間を確保することができるようにしなければならない。」

〔通達〕妊娠中及び出産後の女性労働者が保健指導又は健康診査に基づく指導事項を守ることができるようにするため事業主が講ずべき措置に関する指針
（平 9 労働省告示第 105 号）
（平 9.11.4 基発 695 号、女発 36 号）
（平 18.10.11 雇児発 1011002 号）

■均等法第 13 条
「事業主は、その雇用する女性労働者が前条の保健指導又は健康診査に基づく指導事項を守ることができるようにするため、勤務時間の変更、勤務の軽減等必要な措置を講じなければならない。」

**第 47 条（育児時間）**

生後 1 年に満たない子を育てる従業員が請求した場合は、所定の休憩時間の他、1 日について 2 回まで、1 回あたり 30 分の育児時間を与える。

**第 48 条（育児休業等）**

従業員は、1 歳（特別の事情がある場合には 1 歳 6 か月。以下同じ。）に満たない子を養育する場合に、次のいずれかを申出することができる。

(1) 育児休業の取得

(2) 勤務時間短縮等の措置（以下「育児短時間勤務」という。）

2　従業員は、1 歳以上 3 歳未満の子を養育する場合も、「育児短時間勤務」をすることができる。

3　従業員が、育児休業等の申出をする場合には、対象となる従業員の範囲、賃金その他必要な事項については、別に定める育児休業規則及び労使協定の定めによる。

**第 49 条（介護休業等）**

従業員は、要介護状態にある対象家族（育児・介護休業法第 2 条の「対象家族」をいう。以下同じ。）を介護する場合は、会社に申出て介護休業をすることができる。

2　従業員が介護休業をしない場合は、介護休業規則に定める介護のために勤務時

■育児時間（労基法第 67 条）
〔通達〕育児時間（昭 25.7.3 基収 2314 号）

〔通達〕勤務時間の始め又は終りの育児時間（昭 33.6.25 基収 4317 号）

〔通達〕1 日の労働時間が 4 時間以内である場合の育児時間（昭 36.1.9 基収 8996 号）

〔通達〕育児休業の就業規則への記載（平 3.12.20 基発 712 号、平 11.3.31 基発 168 号）

■育児休業の申出（育児・介護休業法第 5 条）
■育児のための勤務時間の短縮等の措置（育児・介護休業法第 23 条）

▷「請求」…権利者が法律上当然にその権利を有していて、その権利行使を行う旨相手方に伝えるとともに相手方にその行為の履行を促すこと。
「申出」…権利者が相手方対して一定の選択肢を持っているような場合に、権利者側から相手方にその選択内容の意思を伝えること。

■育児・介護休業法第 24 条第 1 項第 3 号
小学校就学の始期に達するまでの子を養育する労働者等に関する措置の例として「3. その 3 歳から小学校就学の始期に達するまでの子を養育する…」

▷育児休業規則
▷労使協定

■介護休業の申出（育児・介護休業法第 11 条）

■介護のための勤務時間の短縮等の措置（育児・介護休業法第 23 条第 3 項）

▷介護休業規則

間短縮等の措置（以下「介護短時間勤務」
という。）をすることができる。

3　従業員が、介護休業等の申出をする場合
　には、対象となる従業員の範囲、賃金そ
　の他必要な事項については、別に定める
　介護休業規則及び労使協定の定めによる。　　　▷労使協定

第50条（子の看護休暇）　　　　　　　　　　■子の看護休暇の申出（育児・介護休業法
　　　　　　　　　　　　　　　　　　　　　　　第16条の2）

　　小学校就学の始期に達するまでの子を
　養育する従業員は、会社に申出ることに
　より、負傷し、又は疾病にかかった子の
　看護のために、1人であれば1年間で5日、
　2人以上であれば10日を限度とする休暇
　を取得することができる。この1年間と
　は毎年4月1日から翌年3月31日までを
　いう。

2　子の看護休暇は、半日単位、又は時間単
　位で取得することができる。

3　前項の定めにより、時間単位で取得する
　場合は、始業時刻から連続、又は申出の
　時刻から終業時刻まで連続して取得する
　ことができる。

4　子の看護休暇を取得することができる
　従業員の範囲その他必要な事項について
　は、育児休業規則の定めによる。　　　　　　▷育児休業規則

5　この措置による休暇は、無給とする。

第51条（介護休暇）　　　　　　　　　　　　■介護休暇の申出（育児・介護休業法第
　　　　　　　　　　　　　　　　　　　　　　　16条の5）

　　要介護状態にある家族を介護している
　従業員が、次の事由に基づいて請求した
　場合には、介護休暇を与える。

　(1) 対象家族の介護

　(2) 対象家族の通院等の付添い

2　　介護休暇の日数は、要介護状態にある
　　対象家族が1人であれば1年間で5日、2
　　人以上であれば10日を限度とする。この
　　1年間とは4月1日から翌年の3月31日
　　までをいう。

3　　介護休暇は、半日単位、又は時間単位で
　　取得することができる。

4　　前項の定めにより、時間単位で取得する
　　場合は、始業時刻から連続、又は申出の
　　時刻から終業時刻まで連続して取得する
　　ことができる。

5　　介護休暇を取得することができる従業
　　員の範囲その他必要な事項については、
　　介護休業規則の定めによる。

6　　この措置による休暇は、無給とする。

▷介護休業規則

## 第 2 節　休　暇

第 52 条（年次有給休暇）

　　年次有給休暇は、入社日から 6 か月経過後及びその後の勤続年数に応じて、全労働日の 8 割以上出勤した従業員に対し、以下のとおり与える。

| 勤務年数 | 6 か月 | 1 年 6 か月 | 2 年 6 か月 | 3 年 6 か月 | 4 年 6 か月 | 5 年 6 か月 | 6 年 6 か月 以上 |
|---|---|---|---|---|---|---|---|
| 付与日数 | 10 日 | 11 日 | 12 日 | 14 日 | 16 日 | 18 日 | 20 日 |

2　年次有給休暇の付与日は、入社日により従業員ごとに異なる。

3　第 1 項の出勤率の算定には、次の各号に掲げる期間は出勤したものとみなす。

　(1) 業務上の負傷、疾病による療養のための休業期間

　(2) 産前産後の休業期間

　(3) 年次有給休暇を取得した期間

　(4) 育児・介護休業法に基づく育児休業及び介護休業期間

　(5) 特別休暇

4　当該年度に新たに付与された年次有給休暇のうち、取得しなかった日数がある場合には、その残日数は翌年度に限り繰り越すことができる。

5　年次有給休暇は、従業員が請求する時季に与える。ただし、業務の必要により、やむを得ない場合は、他の時季に変更することができる。

6　会社は、年次有給休暇のうち 5 日を超え

▷基準日の設定
■年次有給休暇（労基法第 39 条）

〔通達〕出勤率の基礎となる全労働日（昭 33.2.13 基発 90 号、昭 63.3.14 基発 150 号）

〔通達〕年次有給休暇の付与要件である 8 割出勤要件（平 6.1.4 基発 1 号、平 11.3.31 基発 168 号）

〔通達〕時季変更権の行使（昭 23.7.27 基収 2622 号）

〔通達〕年次有給休暇の斉一的取扱い（平 6.1.4 基発 1 号）
・・・斉一的取扱い（原則として全従業員につき一律の基準日を決めて年次有給休暇を与える取扱いをいう。）・・・

〔通達〕年次有給休暇に関する最高裁判決（昭 48.3.6 基発 110 号）
＊昭 48.3.2 労働基準法第 39 条の解釈についての判決
▷年次有給休暇の権利
　「労働者の請求」とは、休暇の時季を指定するという趣旨である」

〔通達〕年次有給休暇管理簿（平 30.9.7 基発 0907 第 1 号）
「使用者は、・・・ 年次有給休暇を与えたときは、時季、日数及び基準日を労働者ごとに明らかにした書類を作成し、・・・3 年間保存しなければならない。」

〔通達〕「年次有給休暇管理簿の作成」（平 30.12.28 基発 1228 第 15 号）
「・・・ 労働者名簿、賃金台帳と同様の要件を満たしたうえで、磁気ディスク、磁気テープ、光ディスク等により調整することは差し支えない。」

〔通達〕計画的付与の趣旨（昭 63.1.1 基発 1 号）

〔通達〕計画的付与と時季指定権・時季変更権の関係（昭 63.3.14 基発 150 号、平 22.5.18 基発 0518 第 1 号）
⇒計画的付与の場合には、・・・ 労働者の時季指定権及び使用者の時季変更権はともに行使できない。

る部分について、従業員の過半数を代表
する者と書面による協定をした場合には、
その協定による時季を指定することがで
きる。

〔通達〕計画的付与の方法（昭 63.1.1 基発
1 号、平 22.5.18 基発 0518 第 1 号）

第 53 条（時間単位年休）

　年次有給休暇のうち、5 日を超えない範
囲で、従業員の過半数を代表する者との
書面による協定をした場合には、従業員
は時間単位年休を取得することができる。

■年次有給休暇（労基法第 39 条）
第 4 項　労使協定による時間単に年休の付
与

〔通達〕時間単位年休に関わる労使協定の
締結（平 21.5.29 基発 0529001 号）
①時間単位年休の対象労働者の範囲
②時間単位年休の日数（5 日を上限）
③年休 1 日の時間数
④1 時間以外の時間を単位とする場合はそ
　の時間数

〔通達〕時間単位年休に関するその他の取
扱い（平 21.5.29 基発 0529001 号）
・1 日の年次有給休暇を取得する場合の取
　扱い
・半日単位年休の取扱い

第 54 条（年次有給休暇の時季指定義務）

　会社は、従業員に対して年次有給休暇
のうち 5 日については、基準日から 1 年
以内の期間に時季を定めて与えることが
ある。ただし、5 日のうち、上記の 1 年
間に従業員が前条に定める年次有給休暇
を取得した場合は、その取得した日数（半
日単位のものを含む。）を、上記 5 日から
除く。

■時季指定義務（労基法第 39 条第 7 項）

〔通達〕使用者の時季指定義務（趣旨）（平
30.9.7 基発 0907 第 1 号）

■罰則（労基法第 120 条）
・労基法第 39 条第 7 項
「会社の時季指定義務」違反…30 万円以下
の罰金に処する」

第 55 条（年次有給休暇の時季変更権）

　会社は、従業員が請求する時季に年次
有給休暇を与える。ただし、業務に支障
をきたし、やむを得ない場合には他の時
季に変更することができる。

第56条（特別休暇）

　会社は、従業員が次の各号のいずれかに該当する場合は、特別休暇を与える。

(1) 本人が結婚するとき（入籍又は結婚式のいずれか早いほうを起算日として6か月以内）……5日

(2) 配偶者が出産したとき……2日

(3) 本人の父母、配偶者、子が死亡したとき……5日

(4) 祖父母、兄弟姉妹、配偶者の父母が死亡したとき……2日

(5) その他前各号に従事会社が必要とみとめた時……会社が定めた日数

2　前項の休暇を利用しようとするときは、事前に所定の用紙に記載し、事実を証明する書類とともに申出て、会社の承認を受けなければならない。

3　特別休暇の日数は暦日によって計算する。

▷慶弔見舞金規程

■就業規則の作成及び届出の義務（労基法第89条）
＊相対的必要記載事項

▷特別休暇の趣旨
　特別休暇は労基法上、特に付与しなければならないものではなく、会社が労務管理上の配慮又は生活慣習などから任意に付与できるもので、主に慶弔休暇がこれに該当する。
　就業規則の相対的必要記載事項であり、また権利関係を明確にする意味で付与の事由、休暇の日数、休暇請求の手続、休暇中の給与等の取扱いを明確に規定する。

## 第1節　服務規律

**第57条（服務規律）**

　従業員は、業務遂行にあたり、職場の秩序を維持し、次の各号に掲げる事項を守らなければならない。

(1) 常に職場の整理整頓に心掛けること

(2) 酒気を帯びて勤務しないこと

(3) 会社施設内で、賭博その他これに類似する行為をしないこと

(4) 周囲の人に不快感を与えるような匂いなどを発生・発散させないよう、自身を清潔に保ち、スメルハラスメントに相当する行為により、他の従業員に精神的な苦痛を与えないこと、又は職場の環境を悪くしないこと。また、フレグランス製品の過度な使用を控えること

(5) 会社内外を問わず、在職中又は退職後においても、会社、取引先等の機密性のある情報、顧客情報、企画案、ノウハウ、データ、ＩＤ、パスワード及び会社の不利益となる事項を第三者に開示、漏えい、提供しないこと。また、コピー等をして社外に持ち出さないこと

(6) 会社が貸与する携帯電話、パソコン、その他情報関連機器（当該情報関連機器に蓄積されている情報も含む。）を、紛失又は破壊しないこと。また、当該情報関連機器を紛失又は破壊した場

■就業規則（労基法第89条第10号）
…前各号に掲げるもののほか、当該事業場の労働者の全てに適用される定めをする場合においてはこれに関する事項

▷企業秩序と規則
＜判例＞富士重工業事件（最三小昭52.12.13）
「企業秩序は、企業の存立と事業の円滑な運営の維持のために必要不可欠なものであり、企業は、この企業秩序を維持確保するため、これに必要な諸事項を規則をもって一般的に定め、あるいは具体的に労働者に指示、命令することができ…ることは当然のこと。」

▷服務規律
　社員は会社と労働契約を締結することにより、労務提供義務を負うと同時に、これに付随して次の義務を負うとされる。
■信義則（民法第1条）
①職務専念義務
②企業秩序遵守義務
③使用者の施設管理権に服する義務
＜判例＞古河鉱業足尾製作所事件（東京高裁昭55.2.18）
「労働者は労働契約に基づく付随的義務として、信義則上、使用者の利益をことさらに害するような行為を避けるべき責務を負い、その一つとして使用者の業務上の秘密を洩らさないとの義務を負う。」

■詐欺（刑法第246条）
⇒不法の利得

■窃盗（刑法第235条）
■横領（刑法第252条）

■不正競争防止法第2条

合、直ちに情報漏えいの防止の対策を行うとともに、会社に報告すること

(7) 会社の事業場の秘密、ノウハウ、技術情報等の営業秘密のほか、人事情報、管理情報、プライバシー及びスキャンダル情報等のいかなる情報であっても第三者に漏洩、開示、提供しないこと、並びに自己の利益のために使用しないこと

(8) 政治活動、宗教活動、業務に関係のない放送、宣伝、集会、又は文書画の配布、回覧、提示その他これに類する活動をしないこと。休憩時間及び勤務時間外であっても、勤務場所（会社の事業場以外に、取引先等も含む。）において、このような活動をしないこと

＜判例＞国鉄青函局事件（札幌高裁昭 48.5.29）目黒電電局事件（最三小昭 52.12.13）
「就業時間中は職務のみ従事し他の活動は行わないこと」

(9) 会社又は会社に関係する者の名誉を傷つけ、信用を害し、体面を汚す行為をしないこと

(10) 業務上で関わった取引先から金品を受け取ること、私事の理由で賃借関係を結ぶこと等の私的な利益を受けないこと

＜判例＞国鉄中国支社事件（最一小昭 49.2.28）
「企業は社会において活動するものであるから、その社会的評価の低下毀損は、企業の円滑な運営に支障をきたすおそれがあると客観的に認められるがごとき所為については、職場外でされた職務遂行に関係のないものであっても、なお広く企業秩序の維持確保のためにこれを規制の対象とすることが許される場合もありうるといわなければならない。

(11) 通勤途上又は会社内はもちろんのこと、会社外のいかなる場合においても、痴漢行為、性差別又はセクシュアルハラスメントに該当するような言動をしないこと

■強制わいせつ（刑法第 176 条）

(12) 公共の場所のみならず、いかなる場所においても他人に粗野又は乱暴な言動で迷惑をかけないこと

■脅迫（刑法第 222 条）
■傷害（刑法第 204 条）
■軽犯罪法第 1 条第 5 号
■軽犯罪法第 1 条第 23 号

(13) その他軽犯罪法に抵触する行為をし
ないこと

(14) 住所、家族関係、経歴その他の会社
に申告すべき事項及び各種届出事項に
ついて、虚偽の申告をしないこと

(15) 会社の資産と私物の区別を明確にし、
会社資産を勤務以外に使用せず、備品
等を大切にし、消耗品の節約に努め、
書類は丁寧に扱いその保管を厳かにす
ること

(16) その他、会社の命令、注意、通知事
項を遵守すること

第58条（セクシュアルハラスメントの禁止）
　セクシュアルハラスメントは、同じ職
場に働く従業員の働く意欲を阻害し、職
場の秩序を乱し、職場の環境を悪化させ
るものであり、従業員はいかなる場合で
もセクシュアルハラスメントに該当する
か、該当すると疑われるような行為をし
てはならない。

2　前項のセクシュアルハラスメントをし
た場合は、この規則の第71条（譴責・減給・
出勤停止）又は第72条（懲戒解雇・諭旨
解雇）により処分することがある。

第59条（いじめ、嫌がらせの禁止）
　いじめ、嫌がらせとは、職場で働く者
に対して、職務上の地位及び人間関係な
どの職場内の優位性を背景に、業務の適
正な範囲を超えて、精神的・身体的苦痛

＜判例＞国鉄札幌駅事件（最三小昭
54.10.30）
「企業内では使用者の定める施設管理に関
する規則に従うこと」

▷セクシュアルハラスメント
■職場における性的な言動に起因する問題
に関する雇用管理上の措置等
（均等法第11条）

〔通達〕事業主が職場における性的な言動
に起因する問題に関して雇用管理上講ずべ
き措置についての指針（平18.10.11厚労
省告示第615号）

〔通達〕セクシュアルハラスメントによる
精神障害等の業務上外の認定について
（平17.12.1基労補発第1201001号）

〔通達〕心理的負荷による精神障害の認定
基準について（令2.8.21基発0821第4号）
⇒「対人関係」で「同僚等から暴行又は（ひ
どい）いじめ・嫌がらせを受けた」とい
う項目がある。これは、
①暴行又はいじめ・嫌がらせの内容、程
度等
②反復・継続などの執拗性の状況
③会社の対応の有無及び内容、改善の状

を与える又は職場環境を悪化させる行為
である。従業員はいかなる形でもいじめ、
嫌がらせに該当するか、該当すると疑わ
れるような行為をしてはならない。

2　前項のいじめ、嫌がらせをした場合は、
この規則の第71条（譴責・減給・出勤停止）
又は第72条（懲戒解雇・諭旨解雇）によ
り処分することがある。

第60条（職場のパワーハラスメントの禁止）
　職場のパワーハラスメント（職務上の
地位及び人間関係などの職場内の優位性
を背景に、業務の適正な範囲を超えて、
精神的・身体的苦痛を与える又は職場環
境を悪化させる行為等をいう。以下同じ）
は、心身の健康や職場の士気を低下させ
る行為であり、従業員はいかなる形でも
職場のパワーハラスメントに該当するか、
該当すると疑われるような行為をしては
ならない。

2　前項の職場のパワーハラスメントをし
た場合は、この規則の第71条（譴責・減給・
出勤停止）又は第72条（懲戒解雇・諭旨
解雇）により処分することがある。

第61条（妊娠・出産・育児等に対するいじめ、
　嫌がらせの禁止）
　従業員は、妊娠、出産又は育児に関す
る言動により、妊娠、出産した女性及び
育児休業を申出ている者、並びに育児休
業を取得した者の職場環境を害する行為

▷職場のパワーハラスメントの禁止
■労働施策総合推進法
第30条の2（雇用管理上の措置等）
第30条の3（国・事業主及び労働者の責務）
⇒職場におけるパワーハラスメントを防止
するため、事業主は雇用管理上必要な措
置を講じなければならない。

〔通達〕心理的負荷による精神障害の認定
基準の改正について（令2.5.29基発0529
第1号）
「上司から、身体的攻撃、精神的攻撃等の
パワーハラスメントを受けた」という項目
がある。これは、
①指導・叱責等の言動に至る組織や状況
②身体的攻撃、精神的攻撃等の内容、程度
③報復・継続などの執拗性の状況
④会社の対応の有無及び内容、改善の状況
などを評価の視点としている。

▷職場のパワーハラスメント防止規程

■均等法第9条第3項（婚姻、妊娠、出産
等を理由とする不利益取扱いの禁止等）
■均等法第11条の2
■育児・介護休業法第25条（職場におけ
る育児休業等に関する言動に起因する問
題に関する雇用管理上の措置等）

◎厚労省告示第6号（令2.1.15）
「妊娠・出産・育児休業等に関するハラス
メント指針」

況
などを評価の視点としている。

をしてはならない。

2　前項の妊娠・出産・育児等に対するいじ
め・嫌がらせをした場合は、この規則の
第 71 条（譴責・減給・出勤停止）又は第
72 条（懲戒解雇・諭旨解雇）により処分
することがある。

第 62 条（その他ハラスメントの禁止）
　　第 58 条から前条までの規定のほか、性
的思考、性的自認に関する言動によるも
のなどの職場におけるあらゆるハラスメ
ントにより、他の従業員の就業環境を害
するようなことをしてはならない。

◎厚労省告示 615 号（平 18.10.11）
「事業主が職場における性的な言動に起因
する問題に関して雇用管理上講ずべき措
置についての指針」（改正告示第 6 号令
2.1.15）

第 63 条（反社会的勢力への対応）
　　従業員は、暴力団、暴力団企業、総会
屋又はこれらに準ずる団体（反社会的勢
力）に属せず、職務を通じた交流及び交
際をしてはならない。

2　従業員自ら又は第三者を利用して、暴力
を用いる不当な要求行為、脅迫的な言動、
風説の流布、偽計又は威力を用いて、会
社の信用を毀損し、又は業務を妨害する
行為その他これに準ずる行為をしてはな
らない。

■暴力団員による不当な行為の防止等に関
　する法律（平 4.3.1 施行）
■暴力的要求行為の禁止（第 9 条）

第 64 条（秘密保持契約）
　　従業員は、在職中又は退職後において
も会社の事業上の秘密、ノウハウ、技術
情報等の営業秘密のほか、人事情報、管
理情報、プライバシー及びスキャンダル

情報等いかなる情報であっても第三者に
漏洩、開示、提供してはならない。

2　この規定に関し会社は、従業員に対して
入社時、役職、管理職、役員就任等の異
動時及び退職時において、秘密保持に関
する誓約書を求めることがある。

3　前項の契約を結ばない場合、入社時にお
いてはその採用を取消し、異動時におい
ては昇進の取消し又は懲戒処分の対象と
することがある。

▷秘密保持誓約書

▷秘密保持規程
・秘密の定義
・秘密の保管場所、方法
・責任者の設定　等

第 65 条（服務違反）

会社は、第 57 条に定める服務規律違反
について、その内容、程度を考慮して懲
戒処分を科すことがある。

2　前項の服務規律違反について再三の注
意、改善指導にもかかわらず改善の余地
がない場合、会社は、企業秩序を維持す
るために当該従業員に退職を促すことが
ある。

▷服務規律（遵守事項）と懲戒事由との関
　係
　服務規律は、会社と労働契約関係にある
従業員が、日常守らなければならない会社
のルール又は遵守すべき事項を定めたもの
である。この服務規律によって維持される
企業秩序は、懲戒処分によってその実効性
が担保される。しかし、服務規律違反があっ
たからといって、当然に懲戒処分ができる
わけではなく、懲戒処分の運用にあたって
は、罪刑法定主義の原則により、その行為
が懲戒事由として就業規則に規定されてい
ることが必要となる。

▷退職を促す⇒退職勧奨

第2節　勤務規律

第66条（勤務規律）

　　従業員は、勤務に関して、次の事項を守らなければならない。

(1) 始業時刻には業務を開始できるように出勤し、終業時刻後は特別な用務がない限り速やかに退社すること

(2) 出退社の際は、本人自らタイムカードを打刻し、出退社の事実を明示すること

(3) 勤務時間外又は休日に出勤する場合は、会社の許可を得ること

(4) 火気、凶器、毒物、薬物その他業務遂行に不要なものを携帯しないこと

(5) 酒気を帯び又は酒類を携帯しないこと

〔通達〕労働時間の適正な把握のために使用者が講ずべき措置に関するガイドライン（平29.1.20 基発0120第3号）

第67条（遅刻、早退、欠勤等）

　　従業員が、遅刻、早退又欠勤するときは、会社に事前に申出て許可を受けなければならない。

2　前項の場合に、会社は、その時間及び日数にかかわらず医師の証明書、又は診断書その他勤務しない事由を明らかにする証明書類を求めることがある。

■基本原則〔信義則〕（民法第1条第2項）「権利の行使及び義務の履行は、信義に従い誠実に行わなければならない」。
⇒（例）「労働契約を結び従業員となると、会社と従業員との間で信義則に伴う義務が生じる」。
① （債務の本旨に従う）労務提供義務〔労働契約に基づく完全履行義務として、当日の業務を通常どおり（安全かつ完全に）遂行できる労務を持参する義務〕

▷診断書等の要求

第 68 条（賃金・退職金）

　　賃金の決定、締切及び支払日、計算及び支払方法並びに賃金改定に関する事項は、別に定める賃金規程による。

2　退職金の決定、締切及び支払日、計算及び支払方法並びに退職金改定に関する事項は、別に定める退職金規程による。

■賃金の定義（労基法第 11 条）
「この法律で賃金とは、賃金、給料、手当、賞与その他名称の如何を問わず、労働の対象として使用者が労働者に支払うすべてのものをいう」。

■賃金の支払（労基法第 24 条）
・通貨払
・直接払
・全額払
・毎月 1 回以上
・一定の期日の定め

■（就業規則の）作成及び届出の義務（労基法第 89 条）
「第 2 号 賃金（臨時の賃金等を除く。）の決定、計算及び支払の方法、賃金の締切り及び支払の時期並びに昇給に関する事項」

〔通達〕通勤定期乗車券（昭 25.1.18 基収 130 号、昭 33.2.13 基発 90 号）

▷退職金規程

■（就業規則の）作成及び届出の義務（労基法第 89 条）
「第 3 号の 2　退職手当の定めをする場合においては、適用される労働者の範囲、退職手当の決定、計算及び支払の方法並びに退職手当の支払の時期に関する事項」

〔通達〕退職手当に関する事項の明記（昭 63.1.1 基発 1 号、平 11.3.31 基発 168 号）

■賃金の支払の確保等に関する法律第 5 条（退職手当の保全措置）

第69条（表 彰）

　従業員が、次の各号のいずれかに該当する場合には、その都度審査のうえ表彰する。

(1) 技術優秀、業務熱心で他の者の模範と認められとき

(2) 災害を未然に防止し、又は災害の際特に功労のあったとき

(3) 業務上有益な発明、改良、又は工夫、考案のあったとき

(4) 前各号に準ずる程度に善行又は功労があると認められるとき

2　前項の表彰は、賞状の他、賞品又は賞金を授与してこれを行う。

第70条（懲戒の種類）

　懲戒は、その情状により次の区分に基づき行う。

(1) 譴　責　始末書を取り、将来を戒める。

(2) 減　給　始末書を取り、1回の額が平均賃金の1日分の半額いない、総額が一賃金支払期における給与総額の10分の1以内で減給する。

(3) 出勤停止　始末書を取り、14日以内の出勤を停止し、その期間中の賃金は支払わない。

(4) 諭旨解雇　懲戒解雇相当の事由がある場合で、本人に反省が認められるときは退職願を提出するように勧告する。ただし、勧告に従わないときは懲戒解雇とする。

---

■（就業規則の）作成及び届出の義務（労基法第89条）第9号
表彰及び制裁の定めをする場合においては、その種類及び程度に関する事項

■懲戒（労契法第15条）
「使用者が労働者を懲戒することができる場合において、当該懲戒が・・・（略）・・・その権利を濫用したものとして、当該懲戒は無効とする。」

■制裁規定の制限（労基法第91条）
⇒減給の制裁

〔通達〕制裁の限度（1回の額・総額）（昭23.9.20 基収1789号）

〔通達〕出勤停止（昭23.7.3 基発2177号）
出勤停止の期間については、公序良俗の見地より当該事犯の情状の程度等により制限のあるべきことは当然である。

＜判例＞富士重工業事件（最三小昭52.12.13）

▷懲戒規定運用上の留意点
(1)罪刑法定主義の原則
＜裁判例＞蒲商事件（大阪地裁平3.8.27）
「使用者と従業員との間に、懲戒解雇事由につき、法律、就業規則等による具体的定めがなければ、使用者は、たとえ従業員に

(5) 懲戒解雇　予告期間を設けることなく
　　即時解雇する。この場合に所轄労働基
　　準監督署長の認定を受けたときは、予
　　告手当（平均賃金の 30 日分）を支給
　　しない。

企業秩序違反の行為があったとしても、その労働者を懲戒解雇することはできない。」

(2)平等取り扱いの原則
＜裁判例＞茨城急行自動車事件（東京地裁昭 58.7.19）

(3)相当性の原則
＜判例＞ダイハツ工業事件（最二小昭 58.9.16）
使用者の懲戒権の行使が客観的に合理的理由を欠き、社会通念上相当として是認できない場合は権利の濫用として無効となる。

(4)適正手続き
＜裁判例＞西日本短期大学事件（福岡地裁平 4.9.9）

第 71 条（譴責・減給・出勤停止）
　　従業員が、次の各号のいずれかに該当
する場合は、情状に応じ、譴責、減給又
は出勤停止とする。
(1) 正当な理由なく欠勤をしたとき
(2) 正当な理由なくしばしば遅刻、早退し、
　　又はみだりに任務を離れる等誠実に勤
　　務しないとき
(3) 過失により会社に損害を与えたとき
(4) 虚偽の申告、届出を行ったとき
(5) 重大な報告を疎かにした、又は虚偽の
　　報告を行ったとき
(6) 職務上の指揮命令に従わず職場秩序を
　　乱したとき
(7) 会社内外問わず、暴行、脅迫、傷害、
　　暴言又はこれに類する行為をしたとき
(8) 会社に属するコンピュータ、電話（携
　　帯電話を含む。）、ファクシミリ、イン
　　ターネット、電子メールその他の備品
　　を無断で私的に使用したとき

(9) 過失により会社の建物、施設、備品等を汚損、破壊、使用不能の状態等にしたとき、又は電子媒体等に保存された情報を消去又は使用不能の状態にしたとき

(10) 過失により会社のメモリー、ハードディスク等に保存された情報を消去又は使用不能の状態にしたとき

(11) 会社及び会社の従業員、又は関係取引先を誹謗若しくは中傷し、又は虚偽の風説を流布若しくは宣伝し、会社業務に支障を与えたとき

(12) 会社及び関係取引先の秘密及びその他の情報を漏らし、又は漏らそうとしたとき

(13) 職務の怠慢又は監督不行届きのため、災害、傷病又はその他の事故を発生させたとき

(14) 部下に対し必要な指示、注意、指導を怠ったとき

(15) 部下の懲戒に該当する行為に対し、監督責任があるとき

(16) 正当な理由なく、上司の指示による業務の引継ぎをしなかったとき

(17) 第4章（服務）に違反したとき

(18) その他この規則及び諸規程に違反し、又は非違行為若しくは前各号に準ずる不都合な行為があったとき

第72条（懲戒解雇・諭旨解雇）

　従業員が、次の各号のいずれかに該当する場合は、諭旨解雇又は懲戒解雇に処する。ただし、情状により減給又は出勤停止とすることがある。

(1) 正当な理由なく、欠勤が14日以上に及び、出勤の督促に応じない又は連絡が取れないとき

(2) 正当な理由なくしばしば遅刻、早退又は欠勤を繰り返し、再三の注意を受けても改めないとき

(3) 正当な理由なく、しばしば業務上の指示又は命令に従わないとき

(4) 故意又は重大な過失により、会社に重大な損害を与えたとき

(5) 重要な経歴を偽り採用されたとき、及び重大な虚偽の届出又は申告を行ったとき

(6) 重大な報告を疎かにし、又は虚偽報告を行った場合で、会社に損害を与えたとき又は会社の信用を害したとき

(7) 正当な理由なく、配転・出向命令等の重要な職務命令に従わず、職場秩序を乱したとき

(8) 不法に辞職を強要し、又は暴行を加え、若しくはその業務を妨害したとき

(9) 会社内外問わず、暴行、脅迫、傷害、暴言又はこれに類する重大な行為をしたとき

(10) コンピュータ等を使用し、インターネット、電子メール、SNS等を使用して猥褻物等を送受信、他に対する嫌がらせ、セクシュアルハラスメント等反

〔通達〕法第19条（解雇制限）及び第20条（解雇予告）の認定の性格及び処理方針（昭63.3.14基発150号）

〔通達〕労働者の責に帰すべき事由（昭23.11.11基発1637号、昭31.3.1基発111号）
「労働者の責に帰すべき事由」とは、労働者の故意、過失又はこれと同視すべき事由であるが、判定に当たっては、労働者の地位、職責、継続勤務年限、職務状況等を考慮の上、総合的に判断すべきものである。」
「法第20条の保護を与える必要のない程度に重大又は悪質なものであり、従って又使用者をしてかかる労働者に30日前に解雇の予告をなさしめることが当該事由と比較して均衡を失するようなものに限って設定すべきものである。」

社会的行為に及んだとき

(11) インターネット、電子メール等を利用して、個人情報及び故意に加工した嘘の情報並びに曲解した情報を意図的に流出させる行為に及んだとき

(12) 故意又は重大な過失によって会社の建物、施設、備品等を汚損、破壊、使用不能の状態等にしたとき

(13) 故意又は重大な過失によってメモリー、ハードディスク等の会社の重要な情報を消去若しくは使用不能の状態にしたとき

(14) 会社及び会社の従業員、又は関係取引先を誹謗若しくは中傷し、又は虚偽の風説を流布若しくは宣伝し、会社業務に重大な支障を与えたとき

(15) 会社及び関係取引先の重大な秘密及びその他の情報を漏らし、あるいは漏らそうとしたとき

(16) 再三の注意及び指導にもかかわらず、職務に対する熱意又は誠意がなく、怠慢で業務に支障が及ぶと認められるとき

(17) 職務の怠慢又は不注意のため、重大な災害、傷病又はその他事故を発生させたとき

(18) 職務権限を超えて重要な契約を行い、又は会社に損害を与えたとき

(19) 信用限度を超えて取引を行い又は会社に損害を与えたとき

(20) 偽装、架空の取引等を行い、会社に損害を与え又は会社の信用を害したとき

(21) 会社内外問わず、窃盗、横領、背任

又は傷害等刑法等の犯罪に該当する行
為をしたとき

(22) 傷害等刑法等の犯罪に該当する行為
をしたとき

(23) 刑罰法規の適用を受け、又は刑罰法
規の適用を受けることが明らかとな
り、会社の信用を害したとき

(24) 会計、経理、決算、契約にかかわる
不正行為又は不正と認められる行為
等、金銭、会計、契約等の管理上ふさ
わしくない行為をし、会社の信用を害
すると認められるとき

(25) 前条の制裁を受けたにもかかわらず、
あるいは再三の注意、指導にもかかわ
らず改悛又は改善の見込みがないとき

(26) 第4章（服務）に違反する重大な行
為をしたとき

(27) その他この規則及び諸規程に違反し、
又は非違行為を繰り返し、若しくは前
各号に準ずる重大な行為をしたとき

2 前項第1号に該当する場合であって、行
方が知れず懲戒解雇処分の通知が本人に
対してできないときは、家族又は届出住
所への郵送により懲戒解雇の通知が到達
したものとみなす。

第73条（損害賠償）

従業員及び従業員であった者が故意又は
重大な過失により、会社に損害を与えたと
きは、損害の全部又は一部の賠償をさせる
ことがある。ただし、損害賠償を行ったこ
とにより懲戒を免れることはできない。

▷非違行為
違法行為のこと。行政職員などが、公的
もしくは私的に遵法していない行為

▷公示送達
＊送達すべき書類をいつでも交付する旨を
簡易裁判所の掲示場に掲示することに
よってされる。（公示送達の申立）
＊公示送達のための掲示を始めた日から2
週間を経過した時に相手方に到達したも
のとみなされる。（解雇の意思表示の到
達）

▷民法の一般原則により「予告日」と「解
雇効力発生日（解雇の日）」の間に30
日の期間をおく必要があり、この30日
は労働日ではなく暦日である。

■賠償予定の禁止（労基法第16条）

〔通達〕賠償予定の禁止（昭22.9.13発基
17号）
「金額を予定することを禁止するのであっ
て、現実に生じた損害について賠償を請求
することを禁止する趣旨ではない。」

第 74 条（遵守義務）

　　従業員は、安全及び衛生に関する諸法令及び会社の諸規定を守り、災害の防止と健康の保持増進に努めなければならない。

2　従業員は、災害防止のために次の事項を遵守しなければならない。

　(1) 消防具、救急品の備え付けの場所並びにその使用方法を習得しておくこと

　(2) 常に職場を整理整頓し、特に火気の取り扱いに注意し、災害の発生を未然に防止すること

　(3) 喫煙は所定の場所で行うこと

　(4) 火災その他非常災害の発生を発見し、又はその危険があることを知ったときは、直ちにその旨を担当者その他居合せた者に連絡し、避難の行動をすること

　(5) その他安全に関する責任者及び会社の指示、注意を遵守すること

第 75 条（安全衛生教育）

　　会社は、従業員に対して、当該従業員が従事する業務が次のいずれかの場合には、その業務に関する安全衛生のために必要な事項について教育を行う。

　(1) 従業員を異なる作業に転換させるとき

　(2) 作業設備、作業法補その他作業に関する大幅な変更を行うとき

2　従業員は、前項に基づき会社が行う安全衛生教育を受けなければならない。

■労働者の安全への配慮（労契法第 5 条）
「使用者は、労働契約に伴い、労働者がその生命、身体等の安全を確保しつつ労働することができるよう、必要な配慮をするものとする。」

■事業者の講ずべき措置等（安衛法第 20 条、第 27 条）

〔通達〕安全への配慮（平 24.8.10 基発 0810 第 2 号、平 24.10.26 基発 1026 第 1 号）労働災害における債務不履行を根拠に損害賠償責任を認める法的根拠として「安全配慮義務」に関する判示を確立した。

■健康増進法　東京都受動喫煙防止条例（令 2.4.1 全面施行）
⇒原則屋内禁煙

▷非常時対応連絡網の整備

■中高年齢者等についての配慮（安衛法第 62 条）
「事業者は、中高年齢者その他労働災害の防止上その就業に当たって特に配慮を必要とする者については、これらの者の心身の条件に応じて適正な配置を行なうように努めなければならない。」

■安全衛生教育（安衛法第 59 条、第 60 条、第 60 条の 2）
■雇入れ時等の教育（安衛則第 35 条）
■特別教育を必要とする業務（安衛則第 36 条）

■雇入れ時等の教育（安衛則第 35 条）
⇒参照

<通達>安全衛生教育の時間（昭 47.9.18 基発 602 号）

第 76 条（就業制限）

　会社は、法令に定める危険又は有害な業務若しくは重量物を取扱う業務に女性及び年少者である従業員を就かせない。

2　会社は、法令に定める危険業務に必要な技能又は経験のない従業員を就かせない。

■クレーン運転その他の業務で免許等を必要とする業務の就業制限（安衛法第 61 条）
■危険有害業務についての年少者（満 18 歳未満）に対する就業制限（労基法第 62 条）
■危険有害業務についての妊産婦に対する就業制限（労基法第 64 条の 3）

第 77 条（就業禁止）

　会社は、従業員が次の各号のいずれかに該当する場合は、就業を禁止する。

　(1) 病毒伝播のおそれのある伝染性の疾病にかかったとき

　(2) 心臓、腎臓、肺等の疾病で労働のため病勢が著しく増悪するおそれのあるものにかかったとき

　(3) 前各号に準ずる疾病で厚生労働大臣が定めるもの及び感染症予防法で定める疾病にかかったとき

2　前項の規定にかかわらず、会社は、従業員が次の各号のいずれかに該当する場合は、就業を禁止することがある。

　(1) 従業員の心身の状況が業務に適しないと判断したとき

　(2) 従業員の自傷行為、他害行為のおそれがあると会社が判断し、医師等により指示があったとき

　(3) 従業員又は同居の家族並びに同居人が他人に感染するおそれのある疾病にかかり、又はその疑いのあるとき

3　会社は前二項の規定により、就業を禁止しようとするときは、あらかじめ会社

■伝染性の疾病等にかかった労働者に対する就業制限（安衛法第 68 条）

■病者の就業禁止（安衛則第 61 条）
(1) 病毒伝ばのおそれのある伝染性の疾病にかかった者
(2) 心臓、腎臓、肺等の疾病で労働のため病勢が著しく増悪するおそれのあるものにかかった者
(3) 前各号に準ずる疾病で厚生労働大臣が定めるものにかかった者
・鉛中毒にかかっている者等の就業禁止
・四アルキル鉛中毒にかかっている労働者等の就業禁止
・高気圧業務への就業禁止

■感染症予防法
▷新型コロナ感染症

が指定する医師の意見を聴取する。また、従業員は、前二項に該当するおそれがある場合は、直ちに会社に届出しなければならない。

4　第1項及び第2項の規定により、就業を禁止された期間は、無給とする。ただし、会社が必要と認めるときは、特別休暇を付与し、又は在宅での軽易な業務を命ずることがある。

第78条（健康診断）

会社は、常時雇用する従業員に対し、毎年定期に健康診断を行う。

2　深夜業を含む業務等に従事する者及び法令で定める有害業務に従事する者には、別途法令に基づく回数及び特別の項目による健康診断を付加する。

3　従業員は前二項の健康診断を正当な理由なく拒むことはできない。

4　会社は、第1項及び第2項の健康診断結果を本人に速やかに通知するとともに、異常の所見があり、必要があると認められる場合は、従業員に二次健康診断又は精密検査等の受診を命じる。

5　二次健康診断又は精密検査等を命じられた従業員は、会社にその健康診断の結果を報告しなければならない。

6　会社は、従業員からの二次健康診断結果の報告を受けて、必要がある場合は、就業を一定期間禁止し、又は配置転換を行い、その他健康保健上必要な措置を命ず

▷健康診断

　会社は、採用時と毎年定期に健康診断実施義務があり、健康診断結果の記録を作成し、5年間保存しなければならない（安衛法第66条、安衛則第43条・44条・51条）。

　一方、従業員にも健康診断を受診する義務がある。会社が実施する健康診断を受診しない場合は、他の医師の健康診断を受けて、その結果を証明する書面を提出しなければならない。（安衛法第66条）

■健康診断（安衛法第66条）
■雇入時の健康診断（安衛則第43条）
■定期健康診断（安衛則第44条）
■健康診断結果の記録の作成（安衛則第51条）

〔通達〕健康診断の受診時間（昭47.9.18基発602号）
・一般健康診断
・特殊健康診断

▷特定業務従事者健診

　＜安衛則第45条の健康診断＞の対象となる者の雇入時健康診断については、6か月以上使用されることが予定され、又は更新により6か月以上使用されている者

〔通達〕健康診断結果に基づき事業者が講ずべき措置に関する指針（改正 平29.4.14公示第9号）

ることがある。

第79条（面接指導）
　　時間外労働時間及び休日労働が1か月あたり80時間を超え、かつ、疲労の蓄積が認められる従業員が申出た場合は、会社は、医師等による面接指導を行う。
2　前項に定めるほか、長時間労働により疲労の蓄積が認められる従業員に対して会社は医師等との面接指導を命じることがある。
3　第1項の面接指導の結果、必要と認めるときは、従業員に対して一定期間の就業禁止、労働時間の短縮、配置転換その他健康保持上必要な措置を命ずることがある。

■面接指導等（安衛法第66条の8）
・1か月80時間を超え、かつ、疲労の蓄積が認められる者

〔通達〕面接指導（平18.2.24基発0224003号）
「長時間労働者に対する医師による面接指導の実施」
⇒労働者の労働時間の状況の把握

■過労死（労基則別表第1の2第8号）

〔通達〕「脳血管疾患及び虚血性心疾患（負傷に起因するものを除く）の認定基準について」（令2.8.21基発0821第3号）

〔通達〕「過重労働による健康障害防止のための総合対策について」（令2.4.1基発0401第11号）
※「過重労働による健康障害を防止するため事業者が講ずべき措置」

第 80 条（災害補償）

　　会社は、従業員が業務上負傷し、又は疾病にかかった場合は、労働基準法の規定に従い療養補償、休業補償を行う。また、従業員が業務上負傷し、又は疾病にかかり死亡した場合は、労働基準法の規定に従い遺族補償及び埋葬料を支払う。

2　補償を受けるべき者が、同一の事由について労働者災害補償保険法により前項の災害補償に相当する保険給付を受ける場合には、その価額の限度において前項の規定を適用しない。

3　業務上の事由による災害を受けた従業員が、療養開始後 3 年を経過しても、負傷又は疾病が治癒しない場合、会社は、労働基準法の定めにより打切補償を行い、その後の補償は行わない。

附　　則

この規則は、令和　　年　　月　　日から施行する。

■（就業規則の）作成及び届出の義務
「第 8 号　災害補償及び業務外の傷病扶助に関する定めをする場合においては、これに関する事項」

▷業務上の疾病の範囲の改正
◎労基則第 35 条別表第 1 の 2 改正（平 22.8.30）
「8　長期間にわたる長時間の業務その他血管病変等を著しく増悪させる業務による脳出血、くも膜下出血、脳梗塞、高血圧性脳症、心筋梗塞、狭心症、心停止（心臓性突発死を含む）若しくは解離性大動脈瘤又はこれらの疾病に付随する疾病」（第 8 号　過労死）
「9　人の生命にかかわる事故への遭遇その他心理的に過度の負担を与える事象を伴う業務による精神及び行動の障害又はこれに付随する疾病」（第 9 号　精神疾患）
⇒業務上の負傷等の傷病報告 … 使用者は、労働者が労働災害その他就業中又は事業場内で死亡・休業した場合は、労働基準監督署へ「労働者死傷病報告書」を提出しなければならない。

■打切補償（労基法第 19 条、第 81 条）
労災保険法の療養補償給付との関連（最二小平 27.6.8）

## 参考図書

「労働基準法解釈総覧【改訂 15 版】」厚生労働省労働基準局編／労働調査会

「改訂　変革期の就業規則」日経連労働法研究会／経団連出版

「就業規則の法律実務（第 5 版）」石嵜信憲／中央経済社

「リスク回避型　就業規則・諸規程作成マニュアル（7 訂版）」岩﨑仁弥・森
　紀男／日本法令

「契約用語　使い分け辞典」日本組織内弁護士協会 監修／新日本法規

「新しい就業規則の理論と実際」村上茂利／財団法人 労働法令協会

「就業規則モデル条文　上手なつくり方、運用の仕方（第 4 版）」中山慈夫／
　経団連出版

## 著者プロフィール

### 森　紀男（もり　のりお）
・株式会社スタッフコンサルティング　代表取締役
・ソフィア特定社会保険労務士法人　代表社員（特定社会保険労務士）
・行政書士（さわやか行政書士事務所）
・公益社団法人全日本能率連盟公認　マスター・マネジメント・コンサルタント
・経営法曹会議賛助会員

株式会社スタッフコンサルティング／ソフィア特定社会保険労務士法人
105-0014　東京都港区芝1-13-22　芝Nビル2F

### 矢崎　尊子（やざき　のりこ）
・経営コンサルタント
・産業カウンセラー
・株式会社スタッフコンサルティング　勤務

### 小田　香里（おだ　かおり）
・特定社会保険労務士
・キャリアコンサルタント
・AFP
・社会保険労務士事務所GJパートナーズ　代表
　101-0054　東京都千代田区神田錦町3-21
　ちよだプラットフォームスクウェア CN-202

### 三井　敏彦（みつい　としひこ）
・社会保険労務士
・社会保険労務士　山田事務所　代表
　920-0925　石川県金沢市天神町1-2-20

※本書でとりあげたモデル就業規則の規定例については、
https://www.rodo.co.jp/download/1670.zip からダウンロードできます。

モデル就業規則作成・変更ガイドブック

---

2022 年 12 月 7 日　初版
2023 年　6 月30 日　初版 2 刷

著　　　者　　株式会社スタッフコンサルティング　森紀男

発 行 所　　株式会社労働新聞社
　　　　　　　〒 173-0022　東京都板橋区仲町 29-9
　　　　　　　TEL：03-5926-6888（出版）　03-3956-3151（代表）
　　　　　　　FAX：03-5926-3180（出版）　03-3956-1611（代表）
　　　　　　　https://www.rodo.co.jp　　　pub@rodo.co.jp
表　　　紙　　尾﨑　篤史
印　　　刷　　モリモト印刷株式会社

---

ISBN 978-4-89761-908-8